不同场景下的说话智慧

社交心法

丁文飞　　吴静莉◎编著

新疆文化出版社

图书在版编目（CIP）数据

社交心法 / 丁文飞, 吴静莉编著. -- 乌鲁木齐：

新疆文化出版社, 2025. 4. -- ISBN 978-7-5694-4922-8

Ⅰ. C912.11

中国国家版本馆CIP数据核字第20253KU644号

社交心法

编　著 / 于文飞　吴静莉

策　　划	张　翼	封面设计	天下书装
责任编辑	祝安静	责任印制	铁　宇
版式设计	摆渡者文化		

出版发行　新疆文化出版社有限责任公司
地　　址　乌鲁木齐市沙依巴克区克拉玛依西街1100号（邮编：830091）
印　　刷　三河市嵩川印刷有限公司
开　　本　640mm×910mm　1/16
印　　张　8
字　　数　130千字
版　　次　2025年4月第1版
印　　次　2025年4月第1次印刷
书　　号　ISBN 978-7-5694-4922-8
定　　价　59.00元

前　言

"i人"是什么？

他们与"e人"有何不同？

"i人"所需要的社交秘诀是什么？

......

这些问题都可以从MBTI（迈尔斯－布里格斯性格类型指标）理论中找到答案。MBTI是一种性格测试工具，通过四个维度将人分为16种不同性格，其中"i人"被认为是内向性格的人，他们通常表现出更专注内心世界、喜欢独立思考、偏好深度交流等特质。

"i人"的心理和行为特点往往体现在他们对社交场合的态度上。相比于外向型（e人）的人群，他们更喜欢独处，长时间的社交会让他们感到疲惫。与其说他们害怕社交，不如说他们更倾向于深度、意义丰富的对话，而不是泛泛地闲聊。因此，很多"i人"在社交场合中表现得安静而不善言辞，这并非因为他们没有什么可说，而是因为他们正在思考如何更有价值地给出自己的见解。

心理学家卡尔·荣格（Carl Jung）首次提出内向与外向的概念，他认为内向型的人更倾向于从内心获取能量，而外向型的人则是通过与外界的互动来充电。这种能量的获取方式决定了"i人"在社交场合中的表现。他们并不热衷于快速结交大量朋友，而是更看重那些能够与之产生共鸣，引发深度思考的关系。

举个例子，李小姐是一名典型的"i人"，她在工作中喜欢独立完成任务，习惯通过阅读和写作思考问题。当她被邀请参加一场大型商务聚会时，尽管她感到一些不安，但她知道自己需要在职业发展中扩展人脉。因此，她选择了在社交中扮演"观察者"的角色，首先通过倾听了解对方，再慢慢提出一些深思熟虑的问题，最终成功与几位志同道合的同行建立了深厚的联系。

实际上，很多"i人"会误以为自己在社交中注定是弱者，但事实并非如此。MBTI的研究表明，内向型的人往往有着丰富的内心世界，且具备强大的共情能力和细腻的观察力，这些特点使他们在面对深度交流时有着独特的优势。例如，他们可以通过观察对方的言行举止，敏锐地捕捉到对方的真实情绪，从而建立稳固的人际关系奠定了基础。

而在实际生活中，"i人"也不必总是遵循传统的社交模式。现代社会中的社交形式正在发生巨大变化，特别是在数字化时代，线上社交提供了更多选择。在社交媒体上，内向的人可以通过文字表达自我，避免面对面交流的紧张感。同时，线上互动让他们有更多的时间思考，避免了即时反应的压力。因此，很多"i人"在社交网络中表现得非常活跃和自如，甚至能通过网络建立起稳固的社交圈。

无论是日常生活中的闲聊，还是职场中的商务社交，这本书都将为你提供实用的技巧与策略，帮助你在自己的节奏中自信地应对各种社交场合。通过对内向性格的深刻理解与实际应用，书中的秘诀不仅能帮助你提升社交能力，还能让你发现，社交并不只是"外向人"的专属游戏，正如卡尔·荣格所言，内向与外向只是能量获取的不同方式，而并非决定成功与否的标准。掌握合适的社交策略，"i人"同样可以游刃有余，在各种社交场合中找到属于自己的位置。

目　录

社交恐惧的破冰之旅

第一节　社交并非洪水猛兽 / 002

第二节　如何有效管理初次见面的紧张情绪 / 006

第三节　从沉默到开口：开始一场轻松的闲聊 / 012

打造个人社交品牌

第一节　打造令人难忘的第一印象 / 020

第二节　如何通过外表传递自信与魅力 / 027

第三节　线上社交：数字化名片的力量 / 032

情商与社交力的双重提升

第一节　情绪管理在社交中的重要性 / 038

第二节　读懂肢体语言，社交沟通更顺畅 / 044

第三节　如何在对话中展现同理心与倾听技巧 / 051

掌控社交场合的节奏

第一节　不善言辞？如何巧妙提出好问题 / 062

第二节　掌控话题切换，让社交氛围不冷场 / 068

第三节　社交禁忌：避免尴尬的雷区 / 074

05 PART

如何扩展你的社交圈

第一节　主动出击：如何有效地结识新朋友 / 082

第二节　网络人脉的延伸与维护 / 088

第三节　深入社交圈层：加入社群与圈子 / 093

从社交到深度连接

第一节 如何将普通朋友转化为深度联系 / 102

第二节 延续友谊：保持长期联系的秘诀 / 108

第三节 社交后的跟进技巧 / 114

01
PART

社交恐惧的破冰之旅

第一节 社交并非洪水猛兽

对于许多"i人"来说，社交就像洪水猛兽一般，令人畏惧。然而，这种恐惧常常来自误解和经验不足。无论是性格生来内向，还是本身就习惯独处，社交都不应该成为让人感到压力的事情。实际上，社交也可以是轻松的、有趣的，甚至带来力量的。

一、社交恐惧的根源

要论证社交并非洪水猛兽，首先要探讨为何许多人在面对社交时感到害怕。根据心理学家埃利奥特·阿伦森的研究，人们对社交的恐惧往往源于两个主要因素：对他人评价的担忧和对自我形象的焦虑。许多人在社交场合中感到紧张，担心自己的表现不够好，怕被误解、批评，或者显得不合群。这些焦虑使得简单的交谈变得复杂且充满挑战。

更进一步地，"i人"尤其容易在社交场合中感到不安。这与他们的性格特点有关：更注重内心体验，容易对外部刺激（如人群、嘈杂环境等）产生疲倦感。因此，他们通常对社交场合有更多的心理准备需求。

小敏是一位典型的"i人"，在公司里她工作认真，表现出色，但每当公司举办社交活动时，她却常常找借口逃避，因为她在陌生人面前会感到害怕和不知所措，担心自己不小心说错话，或是无法融入集体。因此，每次社交活动前，她都会感到压力山大，社交活动结束后，又常常陷入自我怀疑的内耗中。

事实上，小敏的这种情况并不少见。根据某心理学会的调查，有超过40%的人在面对陌生人或在公开场合时，都会感到不同程度的社交焦虑。然而，像小敏这样的内向者，并不是不能社交，只是他们需要掌握一些技巧，便能将社交变成一件轻松的事。

阿尔伯特·班杜拉的社会认知理论为我们提供了一个有效的视角，来解释如何克服社交恐惧。该理论指出，人类的行为并不是固定不变的，而是通过观察和模仿他人的行为来获得。在社交中，内向者可以通过观察他人如何处理社交场合，逐步模仿并内化这些技巧，从而增强自信。

二、打破社交恐惧的思维误区

许多人在开始社交前会担心很多可能出现的负面情况。例如，"如果我表现不好，别人就会讨厌我""每一句话都必须得体，不能出错"等。这种完美主义的心态让社交变成了一场无形的压力考试，迫使我们在互动中时刻保持警惕，担心任何细小的失误都会遭到负面评价。

然而，事实并非如此。

我们必须认识到社交并不是一场需要"满分通过"的考试。人们在社交场合中的互动本质上是一种自然的交流过程，既不需要精心排练，也没有"对错"之分。而且，心理学研究表明，人类对他人的关注度远没有我们想象中的那么高。这背后有一个名为"聚光灯效应"的心理现象——即我们通常高估了别人对我们行为和言辞的关注程度。也就是说，在社交活动中人们更多的是专注于自己的表现，而不是密切留意你是否说错了一句话，或是表现得不够完美。

如果你不相信，请回忆一下你曾经参加过的某次社交活动。也许你对自己那次的表现评分很低，你回忆起自己无数次不小心说错了话，或做出了令人尴尬的举动。但事实是，跟你一起参加活动的大多数人根本没有注意到这些小细节，因为他们也忙于处理自己的社交焦虑。

这一现象提醒我们，社交场合中的小差错其实没有想象中那么重要。真正能打动他人的是你展现出的诚意、热情和愿意互动的态度，而不是每句话、每个动作的精确度。

更进一步来说，社交的成功往往取决于我们在互动中的积极性和真诚态度。即便偶尔出现小错误，比如说错话、答非所问，这也是可以接受的，甚至有时会让对话显得更加自然、真实。卡耐基在《人性的弱点》中提到，人与人之间的联系本质上建立在情感共鸣和信任基础上，而并非语言技巧的完美无瑕。因此，打破思维误区的关键在于学会放松，接受自己的不完美，并理解社交中的微小失误并不会毁掉整场互动。

要摆脱这些错误观念的束缚，我们可以从一些简单的思维调整开始。

1. 要学会接纳自己在社交中的不完美。

正如 MBTI 理论所揭示的，内向型和外向型的人都有各自独特的社交优势，内向型的"i 人"可以发挥自己的深思熟虑和倾听能力，在社交中展现细腻和共情。不同的社交风格都有其价值，我们不必试图"演绎"别人的风格。

2. 建立适度的自信心。

在社交场合中，我们越是担心自己出错，越容易产生负面反馈。反之，若能自信地面对可能的错误，坦然一笑，反而能给人留下更好、更放松的印象。

3.认识到社交并不是一场"赢得他人认可"的竞赛，而是一场互相理解与连接的旅程。

在社交过程中，诚意、真诚和积极的互动态度往往比任何技巧都更为重要。正如网友们常说的一样："真诚是社交唯一的必杀技。"

三、实践技巧：如何轻松开始社交

既然社交并非洪水猛兽，那么如何实际地开始一场轻松的对话呢？这里有几个实用的技巧，可以帮助你从容面对各种社交场合。

1.选择轻松的话题：在不熟悉的人面前，不必急于深入交流，可以从一些轻松的、与当下环境有关的话题入手。例如，"这里的装饰真不错，你觉得呢？"这样的问题不会让对方感到压力，同时也为你提供了更多观察对方反应的机会。

2.学会倾听：优秀的社交者并不是那些滔滔不绝的人，而是那些懂得倾听的人。研究表明，倾听能让对方感受到被重视，从而增强互动的舒适感。当你倾听时，不仅仅是在等待对方说完，而是在过程中积极回应，适时给予反馈。

3.使用肢体语言：肢体语言在社交中的作用不可忽视。简单的微笑、点头，甚至身体的适度前倾，都能向对方传递出友善的信息。这些细微的肢体动作可以有效地缓解尴尬，帮助我们更自然地融入对话交流。

回到小敏的故事，在意识到自己的社交恐惧并非不可克服后，她决定尝试一些新的社交策略。她首先从观察同事入手，模仿他们在社交中的举止和谈话方式。慢慢地，她开始主动与同事交流，不再害怕犯错。一次公司聚会时，她运用了前面提到的技巧，与几位不太熟悉的同事愉快地交谈，甚至在互动中发现了不少共同话题。这让她意识到，原来社交并不像自己想象的那样可怕。通过这些小小的成功体验，小敏的自信心逐渐建立了起来。她不再逃避社交,反而开始享受与人交流带来的乐趣。

经过深思熟虑,我得出一个重要结论:社交并非是天生的才能,而是一种可以通过学习和实践逐步掌握的能力。无论你是内向的"i 人",还是曾经在社交中遭遇挫折的人,只要你愿意付出努力和尝试,社交就不再是那只令人生畏的"猛兽"。

从这一刻起,让我们打破内心的恐惧,勇敢地迈出第一步。社交的目的并不是为了迎合他人的期待,而是为了与他人建立有深度的、有意义的联系。每一次交流,都是一个了解自我的机会,同时也让你更好地认识他人。这样的过程将使你逐渐发现,社交不再是一种负担,而是一种乐趣和成长。

通过练习正确的社交方法和策略,你将在不同的社交场合中游刃有余。通过不断地练习,你将会发现,社交越来越轻松、愉快,并逐渐形成自己的风格与节奏。最终,社交会成为你生活中一种自然流畅的交流方式,帮助你建立起稳固的人际关系网络。

第二节 如何有效管理初次见面的紧张情绪

"紧张"是许多人在社交中最常见的情绪反应之一,它往往伴随着心跳加快、手心出汗、语无伦次等身体反应。然而,紧张并不是一个不可战胜的敌人,它只是我们在面对未知或不熟悉环境时的一种自然应激反应。如果我们能够正确理解紧张的本质,就能更好地管理这种情绪,并在社交场合中游刃有余。

一、理解"紧张"的本质

"紧张"往往被视为负面情绪，尤其是在社交场合中。然而，紧张其实是人类应对不确定性和潜在威胁的自然反应，背后有着生理与心理的双重原因。只有理解这种反应产生的"本质"，我们才可以更好地管理自己的情绪。

进化心理学研究认为，当人类面对陌生或不确定的环境时，大脑中的杏仁核会被激活，启动"战斗或逃跑"机制。这种反应在远古时代有助于人类应对野兽和危险环境，在现代社会，虽然危险的场景减少了，但类似的生理反应仍然存在。当我们进入陌生的社交环境时，这种机制依然会被激活。尽管我们知道眼前的社交场合并不会危及生命，但大脑仍然会将其视为一种潜在威胁，导致心跳加速、手心出汗等生理反应。

著名的心理学家马斯洛在"需求层次理论"中认为，人的社交需求位于安全需求之上。也就是说，社交中的紧张情绪，实际上反映了我们对"归属感"和"被接纳"的深切渴望。当一个人进入新的社交环境时，潜意识中会担心自己是否会被接纳，是否会被误解，甚至是被拒绝。这种心理压力导致了紧张情绪的产生。对于许多内向型性格的人来说，这种社交焦虑尤为明显，因为他们更习惯于内省和独处，而在很多人面前表达自己可能会给其带来巨大的心理负担。

小刘是一位典型的"i人"，她平时工作表现出色，独立处理工作事务的能力很强，但一旦需要公开发言，她的紧张情绪就会飙升，导致无法发挥自己的真实水平。有一次，公司年会上，小刘被要求在全体员工面前发表几分钟的讲话。在上台前，她又感到心跳加快、手掌出汗，脑海中反复盘旋着"我该说什么？""我会不会说错话？"等问题，导致她最终在发言时不断结巴，无法流畅地表达自己的观点。

在这个案例中我们可以看到，小刘的紧张来源于对失败的恐惧。她担心在众人面前犯错，害怕被同事们批评或嘲笑。因此，这种紧张并不是对社交本身的恐惧，而是对潜在负面结果的过度担忧。

为了缓解这种紧张，首先要做的就是改变对社交场合的认知——人应该将每次挑战视为学习和成长的机会，而不是单纯的成功或失败。如果小刘能够以这种心态看待自己的发言机会，将其视为锻炼表达能力的过程，而不是一场必须完美表现的考验，她的紧张情绪会大大缓解。

二、实践技巧：积极暗示与正念冥想

（一）积极暗示

认知行为疗法认为情绪与思维紧密相连。所以，我们在社交场合中感到焦虑，通常是因为我们过于夸大了负面结果，这种负面情绪的产生往往是因为我们用扭曲的方式看待现实。

所以，调整认知，对自己进行积极暗示，能够有效减轻焦虑情绪的影响。

当我们意识到自己在初次社交时感到紧张，重要的是不要被这些负面思维所主导，而是尝试重新审视这些想法。焦虑常常源于对最糟糕结果的担忧，而忽视了社交中的积极面。举例来说，我们可能会把一次尴尬的对话看作"社交失败"，从而对未来的社交机会产生抵触情绪。然而，这种放大错误的思维会限制我们看到成功的可能性。

实践中，运用积极思维可以帮助我们重新定义社交中的角色和期望。比如，参加社交活动前，不妨提醒自己："这次社交是一个学习和交流的机会，我的目标是享受过程，而非追求完美的表现。"这种自我暗示能够减少我们对失败的担忧，并鼓励我们将焦点转移到积极体验上。

（二）正念冥想

正念冥想是减轻焦虑的另一种有效方法，它能够让我们专注于当下，减少对未来的过度担忧。例如，在进入社交场合之前，闭上眼睛，深呼吸几次，专注于自己的呼吸节奏，告诉自己："我已经作好了准备，无论发生什么，我都能应对。"这种简单的冥想练习可以帮助我们从焦虑中脱离出来，将注意力集中在当下的实际体验上。

此外，正念还能提高我们在社交中的自我觉察力。当我们感到紧张或不安时，它能帮助我们意识到自己的身体反应，如心跳加速或手心出汗。通过深呼吸或身体放松的技巧，我们可以调节这些反应，使自己逐渐恢复平静。在这个过程中，重要的是用接纳的态度对待自己的情绪，而非抗拒。正如认知行为疗法所强调的，情绪本身并不可怕，关键在于我们如何应对它。

三、初次社交过程中的情绪管理

（一）社交前

社交紧张感虽然难以避免，但通过一些实用的情绪管理技巧，我们可以将其控制在合理的范围内。以下是几个实用的技巧，可以帮助你在初次见面时快速进入最佳状态。

1. 呼吸练习

呼吸是影响身体与情绪状态的重要工具。通过深呼吸，我们可以快速平复内心的紧张感。呼吸练习的重点在于缓慢、深沉地吸气与呼气，具体步骤如下：

（1）找一个舒适的位置坐下，双脚平放地面，手放在膝盖上。

（2）闭上眼睛，开始深吸气，感受空气充满肺部，然后慢慢呼出。

重复此过程五次。

（3）随着每一次呼吸，注意让肩膀放松，放下内心的紧张感。

2. 肢体语言的力量

心理学研究表明，自信的肢体语言可以反过来影响我们的心理状态。必要的时候我们可以使用"力量姿势"增强自己的自信，具体操作如下：

在进入社交场合前找一个私密的空间，摆出"力量姿势"——双手叉腰，双腿略微分开，挺胸抬头，保持两分钟。这种肢体动作不仅能让人看起来更自信，还能帮助你的内在产生力量感。

3. 利用情景模拟练习

模拟练习是为社交场合做好准备的有效方式之一。通过在家中或与信任的朋友进行角色扮演，你可以提前模拟各种可能出现的社交场景，从而缓解面对陌生人时的紧张感。比如，你可以设定一个商务会议的情景，朋友扮演陌生人，而你则尝试与他们展开对话。通过这种方式，你可以练习如何自信地介绍自己、找到合适的话题等，并学会应对潜在的尴尬时刻。

（二）社交中

初次见面时，许多人会陷入"说什么"的焦虑中，而忘记了"听什么"也同样重要。有效的倾听不仅能减轻对方的戒备，还能让你获得更好的对话控制权。善于倾听和提问，初次社交时的紧张感会大大降低，因为你不再需要时刻想着如何表现，而是将对话引导到对方身上，从而减轻自我的压力。

另一方面，根据社会心理学中的"自我暴露理论"，适度分享自己的个人信息可以拉近人与人之间的距离。在初次见面时，通过分享一些简单的个人经历，能够有效破冰，帮助建立彼此的信任感。然而，分享的内容不宜过于私人化或深刻，应该选择一些有趣的、轻松的话题。

（三）社交后

每次见面后，适度自我反思是提升社交技巧的重要步骤。通过复盘与思考，我们能够更清晰地认识到自己的表现——包括哪些环节表现出色，哪些地方则可以进一步改进。

王女士是一名典型的内向型性格的人，她时常感到与新客户交谈时紧张、不自在。然而，她并没有让这种感觉阻碍自己的进步。每次客户见面结束后，王女士都会在她的笔记本中详细记录自己的表现，回顾对话中的每个细节。

例如，她会标记出自己觉得有效沟通的部分，同时也会注意到自己感到不适的时刻，如停顿太长或表达不清的地方。通过这种持续的自我复盘和反思，她逐渐减少了与人交往时的紧张情绪，并在后续的社交场合中显得更加自信、自然。这种反思过程不仅让她提高了沟通技巧，还帮助她在职场上与客户建立起了更稳固的信任关系。

初次见面的紧张感是许多人在社交过程中普遍体验到的情绪反应。这种情绪并不意味着我们无法克服或调整，相反，它可以成为我们成长与提升的契机。通过调整心态、练习有效的社交技巧，以及适度的自我暴露，我们能够有效地减少这种紧张感，让自己在社交场合中显得更加自信。

第三节 从沉默到开口：开始一场轻松的闲聊

对于很多"i人"来说，开口与陌生人进行闲聊是一项极具挑战性的任务。无论是在聚会、工作场合，还是偶然的社交活动中，沉默往往成为内向型人群的"安全堡垒"。然而，社交生活的乐趣和机会常常就在于与他人沟通和建立联系。那如何从这种沉默中走出来，轻松自然地开启一场闲聊呢？

一、社交的本质：理解与连接

社交的本质并不在于是否拥有强大的沟通能力，而在于如何建立人与人之间的理解与连接。闲聊为这种理解提供了最简单、最直接的方式。无论是在电梯里与陌生人简单寒暄，还是在公司茶水间与同事谈论生活琐事，闲聊都是迈向深入关系的第一步。

许多人认为，聊天必须要有意义或富有深度，才能算得上是有效的沟通。然而，闲聊的核心并不在于话题的内容，而是在于通过轻松地对话建立起情感共鸣。正如《会聊才有好人缘》一书中提到的，成功的闲聊不需要讨论深奥的议题，相反，那些看似琐碎的小事，比如天气、食物或当天的新闻，往往更容易打破彼此间的陌生感，帮助人们在不知不觉中卸下心防。虽然这些日常中的小对话短暂而随意，却为未来更深层次的关系奠定了基础。

小王是一名初入职场的新人，性格内向的他在办公室里总是显得有些拘谨。在公司午休时间，他常常因为不知道该说些什么而选择默默地吃饭。但有一次，他听到同事们讨论天气变化时，鼓起勇气插了一句："最近早晚温差挺大的，早上出门都不知道该穿什么。"这句简单的评论立刻引起了其他同事的回应。接下来，话题自然地延续开来，小王逐渐融入了对话之中。几周后，他不仅在办公室里变得更加自如，还被同事邀请参加了周末聚会。

小王的经历展示了闲聊在社交中的作用。尽管一开始的话题只是天气，但通过这种轻松的互动，他打破了与同事之间的心理距离，建立起了初步的关系。闲聊的力量不在于讨论什么话题，而在于它能够帮助人们消除陌生感、建立情感连接。通过这类短暂而轻松的对话，初次见面的拘谨逐渐化解，人际关系在交流中变得更加自然。

从心理学角度来看，闲聊扮演着一种社交"润滑剂"的角色。闲聊的真正价值在于它可以打破人与人之间的陌生感，使彼此在短时间内建立起一种基本的情感共鸣。无论是轻松的语气还是友善的态度，都会在不经意间拉近彼此的距离，为后续的深入沟通奠定基础。因此，闲聊不仅是一种简单的社交技巧，更是一种有效的沟通工具，能够帮助我们在复杂的社交环境中找到自己的节奏，建立更为深厚的人际关系。

二、如何开启一场顺利的谈话

（一）克服沉默的第一步：找准合适的时机

许多"i人"在社交场合中的沉默，往往源自一种无法找到恰当时机开口的感觉。在充满陌生人的环境中，内向的人常常因担心打扰他人或害怕说错话而保持沉默。

故而，掌握合适的时机开口，是打破沉默并开始有效交流的第一步。心理学家艾伦·派斯在其研究中提出，某些肢体语言信号如对方的微笑、放松体态或转向你时，往往意味着对方准备好接纳交流。通过留意这些信号，"i 人"可以抓住时机自信开口。

举个例子，当你在一场聚会中观察到某人正独自喝饮料且环顾四周时，这往往是对方在寻找社交机会的表现。这时，你可以轻松地上前，用一句无压力的开场白，如"你对这个活动感觉怎么样？"来打破僵局。这种问题不仅轻松自然，而且为后续的对话铺垫了一个舒适的基础。通过提出开放性问题，"i 人"可以让对方感受到尊重和关心，从而逐渐引发更深入的互动。

这样，掌握社交中的微妙时机，内向的人也可以轻松破冰，并在轻松的氛围中展开一场愉快的对话。

（二）打破尴尬：从环境和时事入手

许多"i 人"在面对闲聊时感到焦虑，主要因为他们害怕自己说的内容无法引起他人的兴趣或共鸣，从而导致对话陷入尴尬的沉默。

为了打破这种僵局，"i 人"可以通过观察周围环境或引用时事新闻来作为话题的切入点。例如，在朋友聚会中，利用共同的体验作为话题开端就很有效，比如："你有试过这里的咖啡吗？味道如何？"这不仅自然不突兀，还能够为接下来的对话奠定基础。

根据 MBTI 理论，不同性格类型的人在闲聊时的偏好有所不同。外向型的人倾向于互动性强、充满活力的话题，他们更喜欢分享自己的经历，讨论未来的计划或共同的兴趣。而内向型的人则更愿意参与安静而深思熟虑的对话，他们可能更关注某个具体话题的深入讨论。因此，学会观察对方的性格特征，选择适合对方的闲聊方向，能让交流更顺畅，进而增强彼此的认同感。

（三）从兴趣出发：建立真实的沟通桥梁

闲聊成功的核心秘诀在于找到双方的共同兴趣点。无论是音乐、电影、运动，还是书籍等文化话题，共同的兴趣能够迅速拉近彼此的距离，使交谈变得更加自然和愉快。

当人们在某个话题上产生共鸣时，彼此的防备心就会逐渐放下，交流也会更加轻松顺畅。

设想你在一次聚会上，遇到了一位同样热爱电影的人。你可以这样开场："我最近刚看了一部非常有趣的电影，你看了吗？""你最近有推荐的影片吗？"通过提出开放式的问题，不仅展现了你对对方的兴趣，也为后续对话打开了更多的可能性。这样的提问往往会引发对方的思考，继而引出更多有趣的话题。双方的对话由此自然延伸，可能讨论到电影中的情节、导演的风格，甚至是对某一类电影的共同喜好。

这样的问题不仅显得诚恳，拉近了彼此的关系，还能促使对方分享经验，延续对话，甚至可能形成长期的互动。这类交流不仅促进了社交，同时也建立了双方的深度连接。通过共同兴趣建立的对话，能够让闲聊变得更有意义，甚至带来意想不到的收获。

（四）克服自我设限：小心"社交疲劳"的陷阱

不少"i人"在参加社交活动后会感到"社交疲劳"，他们会反复思考自己是否说错了话，或是否在对话中表现得不够得体。这种不断地自我反思和压力，正是导致他们疲惫的主要原因。

然而，闲聊并不是一次自我表演，它本质上是一种轻松的互动。因此，"i人"不必把每次社交看作一场"测试"或是一次必须完美的"演出"。举个例子，当参加聚会时，"i人"可能觉得自己需要不断寻找话题，或是努力让对方感到满意，害怕冷场会显得尴尬。这种心理负担往往会让他们倍感压力。但实际上，大多数情况下，人们对对话内容并没有太高的期望，闲聊的目的是建立联系，而不是进行深刻地思想碰撞。因此，"i人"应该认识到，社交并不是一次必须取得完美结果的"任务"，而是人与人之间自然的互动。

要想避免"社交疲劳"，首先需要调整心态，不把社交视为压力源。心理学家建议，社交过程中保持自然和放松的状态，才更有可能让对话顺利进行。例如，在和朋友喝咖啡时，讨论一些轻松的日常话题，而不必强迫自己在每次对话中"表现得完美"。内向的人可以从自身的优势出发，利用他们擅长的倾听和观察，让对话更加流畅，而不必急于主导话题。

同时，"i人"还需要学会为自己设置社交"休息时间"。内向型性格的人在长时间的社交互动后，往往需要独处来恢复能量。这与外向型的人通过社交获取能量不同，"i人"更需要定期退出社交场合，给自己足够的空间和时间去调整。通过合理安排社交活动的频率，避免过度消耗自己，是保持社交平衡的关键。比如，可以在参加完一场大型聚会后，给自己安排一个安静的周末，或通过做自己喜欢的事来恢复精力。

总而言之，"i人"在社交中并不需要追求完美，也不必因为一时的表现不佳而感到自责。相反，认识到社交的自然性，放下对自我表现的过度焦虑，才能真正享受人与人之间的互动。同时，保持社交节奏的平衡，给自己留出足够的时间进行"充电"，也将帮助"i人"避免陷入长时间的社交疲倦状态，从而更自如地应对未来的社交挑战。

三、实战技巧：打破沉默的五个小贴士

在社交场合，良好的交流技巧能帮助你迅速打破僵局，建立起良好的人际关系。以下是几种有效的方法，可以让你的对话开始得更加自然流畅。

（一）问开放性问题

开放性问题的魅力在于它们能鼓励对方展开更多的讨论，而不仅仅局限于简单的"是"或"不是"的回答。比如，当你询问"你最喜欢的旅行目的地是哪里？"时，这个问题不仅仅是为了了解对方的喜好，它还为对话提供了广泛的延展空间。对方可能会分享他们的旅行经历、文化体验，甚至讨论他们梦想去的地方。这样的交流能够引发更丰富、更有深度的对话，使你们的关系更加紧密。

（二）分享个人故事

适当分享自己的经历是拉近彼此距离的有效方式。当你们之间有共同的兴趣或经历时，分享个人故事尤其有效。举个例子，如果对方提到他们去过的旅行地点，你可以回应说："我也去过那里，那次旅行让我难以忘怀。"这样的交流不仅能引发共鸣，还能创造出一种亲近感，让对方感受到你对他们的关注与认同。个人故事常常是建立信任的桥梁。

（三）保持幽默感

在对话中，轻松幽默的氛围能迅速缓解紧张情绪，打破尴尬的局面。你不必过于严肃，适当地开一些小玩笑可以让对方放松心情。例如，可以说："每次开会，我都在纠结到底该不该抢那个可以'摸鱼'的座位。"这样的话语能够让氛围变得轻松愉快，让双方都感到舒服，并且更愿意展开深入的交流。

（四）观察对方的兴趣点

在对话过程中，细心观察对方的反应是非常重要的。如果你发现对方对某个话题表现出浓厚的兴趣，不妨顺势深入探讨。比如，如果对方在谈到某项运动时眼睛闪烁着光芒，可以继续问："你是如何开始喜欢这项运动的？"这种方式不仅能让对方感受到被关注，还能引导出更多有趣的话题，保持对话的活跃。

（五）适时结束对话

闲聊并不需要漫无目的地延续。适时结束对话，可以避免让交流变得尴尬。在适当的时候，你可以礼貌地说："很高兴跟你聊天，下次见。"这样不仅表现出你对交流的重视，还能留给对方良好的印象，让他们期待下次的交流。

从沉默到开口，这个过程充满挑战。许多人在社交场合中感到难以找到合适的开口时机和话题，实际上社交并非天赋，而是需要勇气和实践的技能。关键在于理解社交的本质：它不仅是信息传递，更是情感的连接。认识自己的内心状态，洞察社交场合的动态变化，有助于我们在交流中更加自如。你不必成为滔滔不绝的谈话者，而是通过逐步的小练习来建立自信打开社交的大门，引领你迈向更积极、丰富的人际关系。

02
PART

打造个人社交品牌

第一节　打造令人难忘的第一印象

心理学上有个理论叫"首因效应"，即人们往往会根据初次见面时的印象形成长久的看法，即使后续的接触与最初的印象不完全一致，这种第一印象仍然会深刻地影响人们对对方的态度和行为解释。故而，从交朋友、工作面试到商业谈判，"第一印象"往往具有决定性作用。

一、什么是"第一印象"

心理学研究表明，人类在短短 7 秒内就会对一个陌生人形成初步印象，这个印象极大程度上依赖于非语言的因素——衣着、肢体语言和表情等。也就是说，在还没有深入交谈之前，对方已经通过外在表现对我们形成了"第一印象"。

"第一印象"的形成是大脑的一种自动反应，用于快速判断陌生人是否安全或者是否具备合作潜力，它往往决定了我们与他人互动的基调，会影响接下来深入交流的程度。

心理学家曾对"第一印象"的影响因素包含哪些进行社会实验，要求参与实验的人仅凭照片对陌生人进行评价。结果发现，那些穿着整洁、面带微笑、体态自信的人通常会被认为更具吸引力和可信度。这一实验清楚地表明了外表和肢体语言在第一印象中的重要性。

在现实生活中，许多成功人士也都十分注重他们的形象管理。例如，小米总裁雷军，在进军新能源汽车的发布会上，他总是展现出坚定的眼神、放松的身体语言以及温和的语调，这些非语言信号让他在人群中显得可靠，既富有领导力又温文尔雅。无论是与网民直播互动，还是在发布会上发言，他都能通过这些外在表现迅速赢得了信任，树立了良好的品牌形象，让消费者对他和小米品牌都形成了良好的"第一印象"，培养出许多潜在用户。

二、外表、语言与内在气质的综合影响

（一）非语言线索

虽然老话说"人不可貌相"，但在实际的社交场合中，外表仍然是人们迅速评估他人的重要依据之一。这里的"外表"不仅限于容貌，还包括整洁度、风格及细节的传递。研究表明，穿着得体且符合场合的服饰可以显著提升个人的专业形象与自信感。

除了"外表"，肢体语言同样至关重要。良好的站姿、适度的眼神接触与自信的微笑，都会传递出友好和自信的信息。相反，僵硬的动作、紧张的表情或躲避目光可能给人留下负面的印象。因此，在社交场合中，合理管理外表与肢体语言，能够极大地提升他人对你的评价。

以"中国外交天团"为例，外交部发言人不仅需要深厚的外交知识，同时在国际场合中也展现出卓越的肢体语言管理技巧。稳健的步伐、挺拔的站姿、自然的眼神接触和温和自信的微笑，不仅在外交会议上会迅速赢得与会者的好感，也是大国风范的彰显。在面对外国记者提问时，

发言人们始终保持镇定，偶尔点头致意，表情自然自信。这种得体的肢体语言既展示出对外交事务的娴熟掌控，也传递了中国的开放和自信。

（二）语言表达

在社交互动中，语言表达不仅仅是沟通的工具，更是个人形象、情感以及思维方式的传递。无论是在日常交流还是职场汇报中，语言表达的清晰度和语气的把握都至关重要。即便你的外在形象完美、态度友善，如果言语模糊不清、语气不当，初次互动也可能因此留下负面印象，从而削弱你的影响力。

职场新人小王在公司项目汇报中，因紧张而语速过快，且表达不够清晰，结果导致报告内容未能有效传达。尽管他在汇报前准备充分，能力出众，然而在领导心中，他却显得不够自信，甚至让人觉得"准备不足"。这一初次失误不仅影响了小王在团队中的形象，也让他在接下来的几个月中需要通过不断地努力来重新获得领导的信任与好感。

"i人"肯定会对小王的故事感到熟悉，在职业生涯中，很多人由于紧张、缺乏表达技巧而在关键时刻表现不佳，从而影响了自己的发展。语言表达的有效性直接关系到个人的职业形象，说话时不仅要关注语言内容的准确性，还要特别重视语气和表达方式。

此外，避免使用口头禅也是提升语言表达能力的重要方面。例如，"嗯""呃"等口头禅会让人显得缺乏自信，也容易让听众产生不耐烦的感觉。这些无意识的表达方式不仅降低了专业感，还会让对方对你的信任感和专业形象打折扣。相反，清晰、简洁的表达能够有效传达你的意图，提升对方对你的认可与信任。

为了有效提升自己的语言表达能力，我们可以采取以下几个实用的方法。

1. 练习语音语调。通过反复练习和模仿优秀演讲者的语音和语调，逐步掌握语言的节奏与音调变化。可以选择一些经典演讲进行反复听取，并尝试模仿其语速与语气。

2. 增强自信心。自信是良好表达的基础。通过参与小组讨论或公共演讲等方式，逐渐提升自己的表达能力和自信心。你可以从身边的小圈子开始，逐步向更大范围扩展，培养在不同社交场合下的表达能力。

3. 获取反馈。向他人请教和寻求反馈，尤其是在进行公共演讲时，借助他人的意见改进自己的表达技巧。无论是同事、朋友还是专业的演讲教练，他们的反馈都能帮助你发现表达中的不足之处。

4. 注意非语言沟通。研究表明，肢体语言在沟通中占据了 55% 的影响力。保持开放的姿态，适当的手势和眼神交流能够增强你语言表达的效果，使信息传递更具说服力。

语言表达是社交中至关重要的一环。它不仅影响着信息的传递，还在很大程度上决定了他人对你的初步印象。通过提升自己的语言表达技巧，注重语气和非语言沟通，内向型"i 人"同样可以在社交场合中展现出自信和魅力，建立稳固的人际关系。

（三）内在气质

内向型人格的"i 人"常常担心自己在社交中不如外向型的"e 人"有魅力，然而，真正的自信和魅力并不等同于外向，它更多源于对自我能力的信任以及内心的从容。内向者往往在独处中积累知识和技能，这恰恰是他们建立自信的坚实基础。

一位内向的程序员小李在公司年会上进行了一次技术演讲。尽管他平时并不擅长与人互动，也不经常参与社交活动，但这次演讲却让他赢得了满堂喝彩。小李并不是依靠夸张的肢体语言或热情洋溢的互动，而是通过扎实的内容、清晰的逻辑和对自己技术的信心，展现出了冷静与自信。演讲过程中，他用直白的语言解释复杂的概念，使同事们轻松理解，并引发了积极的讨论。

事后，许多同事表示，他们对小李有了全新的认识，发现他在自己的领域有着极高的专业水平和可靠的工作能力。这一经历展示了内向者在掌握知识与技能后，如何通过对内容的自信表达来获得他人的认可。

心理学研究表明，自信源于对自我真实能力的认知。"自我效能理论"强调——自信与成功经验密切相关。当一个人通过经验获得对能力的肯定时，自信心自然会随之提升。对于内向型人格的"i人"来说，他们往往在一个相对封闭和专注的环境中积累了丰富的知识和技能，因此，在自己擅长的领域内，内向者更容易展现出自信。

除了自信，亲和力也是社交成功的关键。亲和力并不是复杂的技巧，而更多是一种自然展现的气质。简单的微笑、点头回应和积极倾听，这些行为都能让他人感受到你易于接近、愿意倾听。研究表明，微笑能够释放内啡肽和血清素等让人快乐的激素，使交流变得更加轻松愉快。因此，在社交场合中，亲和力有助于创造出一个友好的氛围，使他人愿意与你交流。

现实中，还有许多成功的案例可以证明内向者如何运用自信和亲和力实现社交成功。例如，著名作家李娟，她在写作过程中曾经历过多次拒绝，但她并未放弃，凭借对自己写作能力的信心和坚持不懈的努力，最终取得了巨大的成功。尽管她的性格偏向内向，但在与读者的交流中，她总是展现出真诚和亲和力，这也使得她在文学界赢得了广泛的认可。

三、如何持续优化你的第一印象

虽然人们通常会在短时间内根据外貌、言谈和举止快速判断一个人，但第一印象并不是一成不变的。所以，我们通过自我反思、他人反馈和保持真实个性，可以逐步改善并优化自己的社交表现，最终在各类场合中脱颖而出。

（一）自我反思是优化第一印象的核心

人与人之间的沟通是一种双向互动，反思不仅是为了改进自己，也是在调整双方的互动方式。通过反思，我们可以更好地理解对方的需求，并在此基础上进行自我调整。

小林在一次聚会上，兴致勃勃地分享了自己的生活，滔滔不绝地讲述着自己的成功经验。起初，周围的人都很感兴趣，纷纷点头赞同。然而，随着时间推移，他注意到其他人的表情开始变得疲惫，甚至有人开始低头看手机。回到家后，小林经过反思，他意识到自己过于表达自己，而忽视了倾听他人的声音。

决定改进后，小林在下一次聚会中采取了不同的策略。他开始主动提问，关注他人的分享，更加认真倾听对方的观点和故事。这样一来，不仅增进了彼此的了解，还让他赢得了朋友们的好感，建立了更为融洽的关系。小林明白了，倾听同样重要，甚至有时比高谈阔论更能赢得信任和尊重。这个转变让他在社交场合中更加自信，也让他的人际交往更加顺利。

小林之所以会改变他的社交表现，正是因为他主动反思并采取了相应的调整。反思是个人成长的有效方式之一，心理学家卡尔·荣格的"个体化"理论强调，通过深层的自我认知，人们能够逐步实现人格的完整性。而在社交领域，自我反思正是帮助我们认识自身行为模式，并调整以适应不同场合的需求，从而不断优化第一印象。

（二）寻求他人的反馈也是提升第一印象的有效手段

外部视角能帮助我们看到自己难以察觉的盲点。

刘女士在一次商务活动中，由于选择了过于严肃的话题，导致交流陷入冷场。活动结束后，刘女士向好友请教，好友指出她的对话内容过于沉重，尤其是在一个轻松的场合中。这让刘女士意识到自己在社交场合中没有注意到话题的轻重缓急。于是，她开始练习如何通过轻松、幽默的话题来引导对话。经过多次的调整和实践，刘女士在后续的活动中获得了更多人的好评，她的社交能力也得到了显著提升。

一些社交专家建议，定期询问身边可信赖的人关于自己在社交场合的表现，能使人更好地认识到潜在的社交盲点，避免自我封闭。同时，反馈可以通过他人的评价，强化我们已经具备的优势，帮助我们在社交中更加自信地展现自己。

（三）尽管第一印象很重要，但保持真实的自我同样至关重要

在社交中，人们往往会被真诚、自然的个性所吸引。过度刻意的行为或过于追求完美的表现，虽然可能在短期内取得一些成效，但长期来看，很难维持，并且会导致信任感的流失。保持真实的关键在于，在运用社交技巧的同时，不失自己的个性和原则。

张先生是一位初入职场的新人，在参加公司聚会时，他为了给同事留下好印象，努力表现得非常外向和活跃，甚至刻意改变了自己的说话方式。然而，聚会结束后，他感到非常疲惫，并且发现自己的表现并没有赢得太多关注。相反，几位熟悉的老同事反而认为他表现得有些做作和不自然。

后来，张先生意识到，与其为了迎合他人而改变自己的行为，不如保持真实的自我。他在后续的社交场合中，开始以自然的风格与同事交

流，虽然不如其他人那样健谈，但他用心倾听、适时回应，反而赢得了同事的信任与好感。这种自然的表现让张先生在团队中逐渐站稳了脚跟，成为了大家信赖的伙伴。

张先生的案例提醒我们，社交技巧固然重要，但过度依赖技巧却会让人丧失自我。人际交往的本质在于建立信任，而信任的基础是彼此的真实。在长期的社交中，保持真实的自我才能让你感到舒适，也能吸引那些真正理解和欣赏你的人。

从心理学角度来看，保持真实与个性有助于人们在社交中找到心理舒适区。假如我们过度扮演一个与自己本性不符的角色，久而久之，这种行为会让我们感到心理疲劳，甚至导致社交焦虑。因此，保持平衡至关重要。在运用社交技巧的同时，展现出真实的个性，才能在长时间的互动中赢得他人的尊重与信赖。

第二节 如何通过外表传递自信与魅力

通过外表传递自信与魅力并不是只关乎时尚或容貌，而是在于如何通过恰当的穿着、体态和细节来展现个人特质。外在形象是社交中的第一印象，直接影响他人对你的认知。无论是在职场中，还是在生活中，自信而有魅力的外表会吸引他人的注意，增强沟通的主动性，进而为后续的深入交流铺平道路。因此，打造适合自己的外表风格是塑造个人社交品牌的重要一步。

一、从穿着到体态，细节塑造形象

（一）穿着得体，彰显品位

无论是工作环境中的商务场合，还是朋友聚会等轻松的社交活动，合适的着装都能够帮助人们在短时间内赢得尊重和信任。心理学家阿尔伯特·梅拉比安的"7-38-55"法则曾指出，在人际交往中，非语言因素（如外表和肢体语言）对第一印象的形成至关重要，其中外表占据了55%的权重。这意味着，在与陌生人初次接触时，外在的表现——尤其是穿着风格——远比我们想象的更具影响力。

正因为穿着能够迅速传达个性、态度和价值观，所以许多成功人士都非常注重自己的着装风格，以此作为个人品牌的一部分。以史蒂夫·乔布斯为例，这位苹果公司的前首席执行官在公众场合总是以黑色高领毛衣、牛仔裤和运动鞋示人。这一极简主义的装扮不仅反映了乔布斯对简约生活的追求，同时也成为他个人品牌的重要象征。乔布斯通过他的穿着向外界传递了创新、专注和极简的理念。黑色毛衣不仅是他的标志性服饰，更是一种视觉化的个人声明，表明他对于繁复与冗余的抵制，从而将注意力聚焦在产品的创新上。

除了名人案例，理论研究也支持穿着与心理、行为的紧密关联。认知行为疗法的研究指出，外在的穿着能够影响人的自我感知以及与他人的互动方式。当人们穿着合适的服饰时，往往会感到更加自信，从而更容易在社交场合中表现得得体、自如。比如，当你穿着一套剪裁合体的衣服时，站姿和行为往往会变得更加挺拔稳重，仿佛这种正式的装束赋予了你更多的力量感。而这种力量感不仅对自身产生积极影响，还会潜移默化地影响你在他人眼中的形象。

一个有趣的现象是，随着时代的发展和工作环境的变化，"得体"

的定义也在不断更新。如今，在许多科技公司或创意行业中，休闲且个性化的着装风格正在取代传统的商务装成为主流，但是穿着得体依然是人际交往中的一项重要规则——关键在于根据场合选择适合的风格。例如，金融业的从业人员可能依然需要穿着正式的西装，以传递专业性和可靠性；而在广告公司，创意人士则可以通过更具个性化的着装风格展示创新思维和独特性。

与此同时，得体的穿着并不意味着追逐时尚潮流或一味追求昂贵的服饰，相反，它更多的是关于理解场合、尊重对方，并通过细节展示出你对自己和他人的重视。无论是颜色的选择、款式的搭配，还是配饰的运用，所有这些细节共同构成了你在他人眼中的形象。因此，在重要的社交场合中，花些时间精心挑选适合的穿着，可以帮助你迅速建立好感，赢得尊重。

（二）体态语言，传递内在力量

在我们的日常生活中，一个挺直的背部、稳健的步伐和自信的眼神接触，能够在瞬间传递出一种强烈的自信和掌控力。正如社会心理学教授埃米·卡迪提出的"高能量姿势"理论所示，身体姿势不仅反映我们的心理状态，还能直接影响我们的自我认知。

根据卡迪的研究，采取开阔的姿势，如双手高举或叉腰站立，可以显著提高体内的睾酮水平并降低压力激素。这种生理变化会使个体感到更加自信，进而在与他人互动时展现出更强的影响力。许多成功的演讲者在上台前，都会进行"高能量姿势"的练习，站立几分钟以开放的姿势，帮助自己调整情绪，增强自信心。

在日常社交场合中，自信的体态语言能够立即改变他人对你的看法，帮助你传递出一种强大的内在力量。通过掌握和运用体态语言，我们不仅能够增强自己的自信心，更能够在互动中影响他人的感受，建立更为有效的沟通。

（三）细节塑造个人形象

在当今这个强调个人品牌与形象的时代，细节的打磨往往是决定成功与否的关键因素之一。除了外在的穿着和体态，许多微小的细节也能够在商务或社交场合中为个人形象加分。例如，保持指甲干净整洁、穿着熨烫平整的衣物，以及适度使用香水，都是能给他人留下深刻印象的细节。

根据马斯洛的需求层次理论来看，一个人在满足了基本生理和安全需求后，便会追求自我实现和自尊需求。在这一层次中，个人形象和他人对自我的看法成为关键。因此，注重细节不仅仅是外在的表现，也是内心自信和自我价值感的反映。

通过关注细节，我们可以有效地塑造个人形象，提升自己的品牌价值。这不仅有助于在竞争激烈的环境中脱颖而出，也能在他人心中建立起专业、可靠的形象。总之，细节决定成败，注重细节的打理是个人成功的重要基础。

二、个性化风格的力量

在当今的社交环境中，个性化风格不仅使你在社交场合中脱颖而出，更能帮助你建立一个独特的社交身份，向外界传递关于"你是谁"的明确信号。

通过选择符合自己个性的元素，你可以在外表上体现出内心的真实自我。这种风格上的一致性不仅能增强自信，还能在社交中引发共鸣。当你穿着能够代表自己价值观的服饰时，它就会成为你社交品牌的一部分，让他人在潜意识中形成对你的认知。例如，许多创意产业的工作者会选择独特的时尚风格，来彰显他们的创造力和个性，而这种外在表达能够有效吸引志同道合的人，形成深度连接。

此外，个性化风格的建立还可以借助一些心理学原理。例如，颜色心理学理论——色彩能够影响他人的情绪和判断，比如红色让人感受到热情和活力，而蓝色却让人感到忧伤和冰冷，紫色是神秘和高贵的象征。所以，选择适合自己的颜色，不仅能提升自我形象，还能在无形中影响周围人的感受。

三、外表与内在的协调一致

在塑造个人品牌的过程中，外表与内在的协调一致至关重要。尽管外在形象在初次接触中能迅速吸引关注，但真正能让这种关注持续并深化的是内在的自信和实力。

在社交场合中，一个人的外在形象如得体的穿着和自信的体态，能为他赢得初次的好感。然而，外表绝不是成功的全部。内心的修养、真诚的沟通和与他人的真实连接同样重要。研究表明，人们在互动中更倾向于与那些展现出真实和真诚的人建立深层次的关系。因此，个人品牌的构建不仅仅是关注外表，更应注重内心的丰富与真实。

正如某设计师所说："一个人的外在形象应与其内心的优雅和智慧相得益彰。""时尚会过去，但风格将永存。"这表明，真正的魅力不仅来自于外表的打扮，还包括内在的修养与气质。

综上所述，外表与内在的协调一致是构建个人品牌的核心。只有内外兼修，才能在社交中获得更多的机会与认可。正如心理学家马斯洛所言："我们永远不能忽视自我实现的需要。"这就要求我们在注重外在形象的同时，也要不断丰富内在素养，追求真实与卓越的自我。

第三节　线上社交：数字化名片的力量

在数字化时代，线上社交已经成为每个人展示自我的重要渠道。通过精心设计和管理的"数字化名片"，个体可以有效传递自己的品牌形象和价值观。这不仅帮助你在广阔的网络世界中脱颖而出，也为建立深度人脉提供了强有力的支持。线上社交的力量在于，它突破了时间和空间的限制，让你能随时随地展示自己的专业和个性，并与他人保持持续的互动和联系。

一、数字化名片：你的线上形象

数字化名片的概念并不是凭空出现的，它是一个基于现代传播学和心理学的理论。根据传播学的"自我呈现"理论，人们在社交互动中往往会通过信息筛选和展示来塑造自己期望的形象。而在网络时代，这种自我呈现的范围更加广泛和持久，社交平台上的每一个动态、言论和互动，都是塑造个人形象的重要元素。

数字化名片的最大特点在于，它不仅仅是个人信息的展示，更是你专业形象、个性特点和兴趣爱好的汇聚。随着社交媒体平台的普及，诸如微信、微博、小红书、知乎等平台已经成为人们日常沟通、展示自我的重要途径。

例如，小红书这种以图片和文字内容为主的平台，既能展示生活美学，又能传递职业成就，从而帮助用户打造独特的数字化名片。

王女士，一位年轻的品牌策划师，便通过小红书平台来展示她在广告设计和品牌塑造方面的经验与心得。她经常发布关于品牌定位、市场营销趋势的专业分析文章，并通过互动讨论与同行业人士保持紧密联系。通过这些内容，王女士逐渐建立了自己在行业中的影响力，并吸引了不少潜在客户。这种线上形象的精心打造，不仅为她带来了更多的职业机会，也为她在品牌策划领域奠定了声誉。

通过这个案例我们可以看到，现在许多年轻的职场人士已经意识到，精心打造的数字化名片，不仅仅可以用来交友，也可以帮助他们更好地塑造专业形象，与行业内的人士建立联系。

近些年，数字化名片的力量更是被许多成功人士广泛运用。比如被人们称为"老罗"的罗振宇，他通过自媒体平台"得到"打造了一个知识型个人品牌。他以其深厚的知识储备和观点输出能力，通过长期分享行业趋势、管理经验等内容，吸引了大批关注者。在他的自媒体平台上，他不仅分享了自己对商业趋势的看法，还通过在线课程与用户互动，最终建立起了一个庞大的知识社群。这种基于数字化名片的深度运营，帮助他迅速从传统媒体转型为新媒体领域的佼佼者。

二、理论支持：MBTI性格与线上社交的结合

MBTI理论将人分为16种不同的性格类型，其中内向型（I型）和外向型（E型）在网络社交中的表现各有不同。内向型的"i人"通常在面对面的社交场合中感到压力，而在线上社交中却有着得天独厚的优势。他们可以有更多的时间进行思考，并通过文字形式表达自己，从而避免

了面对面的紧张和不安。

国内的一位职场社交专家李敏（化名）就是一名典型的内向型"i人"。她在面对团队会议时往往感到焦虑，不敢主动发言，但在社交平台如知乎上，她却能通过专业的文章分享自己对行业趋势的深度见解。正因为她的内容充满逻辑性和条理性，吸引了许多专业人士与她互动交流，逐步建立起了稳固的社交人脉。李敏在后来的采访中坦言："线上社交让我有更多时间准备，能把我的想法表达得更清晰，也让我发现，原来内向型的人在网络上同样能够发光发热。"

无独有偶，《安静》一书中也提到，内向者在书面交流中常常能够更好地阐释自己的观点。这启示我们内向型"i人"并不一定要在喧闹的社交场合中成为焦点，他们可以通过文字、内容创作在网络上找到自己的独特位置。

与此相对的是外向型人士，他们更善于通过线上活动和实时互动展现出他们的社交能量。外向型的人在直播、在线讨论会等互动场合中表现得游刃有余，他们能够迅速建立起广泛的社交圈，并利用他们的魅力吸引更多的关注者。

尽管内向型与外向型在社交中的表现各有不同，但这并不意味着他们不能在相同的平台上发挥各自的优势。线上社交的多样性给了不同性格类型的人更广阔的空间。例如，内向型"i人"可以通过微博、文章、论坛等形式深度表达，而外向型"e人"则可以通过直播、互动讨论等方式展示自己的魅力。

三、打造你自己的数字化名片

在当今数字化时代，打造数字化名片的第一步是明确个人品牌定位。

你希望别人如何看待你？你希望通过社交媒体传达什么样的信息？当你有了清晰的目标后，接下来的步骤将帮助你逐步构建自己的数字化名片。

（一）完善个人资料

个人资料是别人认识你的第一步，无论是在抖音这样的短视频平台上，还是在微博、知乎等图文社交平台上，清晰且详细的个人资料能够帮助他人快速了解你的专业背景和兴趣爱好。比如，王女士在小红书上不仅展示了她的职业经验，还结合了她的个人生活，适当地加入了生活中的趣事和见闻，进一步拉近了她与粉丝之间的距离。

（二）定期发布有价值的内容

持续发布具有"利他性"的内容，可以有效提升个人影响力。很多成功的自媒体人，都是通过不断分享自己的经验、知识和观点，积累了大量的粉丝群体，从而在行业中获得了更多的机会和资源。例如，李先生是一位从事跨境电商的年轻创业者，他通过公众号和知乎定期分享跨境电商行业的趋势、操作技巧以及政策变化，逐渐在同行中树立了自己的权威形象。

（三）积极互动，扩大影响力

数字化名片不仅仅是展示平台，更是建立关系和互动的起点。在社交平台上与他人积极互动、参与讨论、分享观点，不仅可以增加你的曝光度，还能帮助你与同行业的人士建立更深的联系。以知乎平台为例，很多用户通过回答问题、参与话题讨论，逐渐积累了大量粉丝，并在行业内形成了自己的影响力。

（四）利用线上活动

除了日常内容发布，利用平台举办线上活动也是扩展数字化名片影响力的重要途径。例如，很多职场人会通过开设直播课程或在线分享会，展示自己的专业技能和洞见。这不仅能提升个人的知名度，还能通过互动形式与观众建立更紧密的联系。

在数字化时代，线上社交是每个人不可忽视的重要工具。通过合理管理自己的线上形象，你可以有效扩大个人影响力，打造出一个强大的数字化名片，助力你在职场和生活中的成功。让我们从现在开始，关注自己的数字化形象，为未来的机遇做好准备。

03
PART

情商与社交力的
双重提升

第一节 情绪管理在社交中的重要性

情绪智力（Emotional Intelligence）是近年来在心理学和社交领域备受关注的概念，它深刻影响着一个人在社交场合中的表现。理解和掌握情绪智力不仅能够提高个人的社交力，还能帮助我们更好地管理自我情绪，形成健康的社交互动。在探讨社交力的提升之前，首先需要了解什么是情绪智力，其理论基础是什么。

一、理论基础：什么是情绪智力

情绪智力最早由心理学家彼得·萨洛维（Peter Salovey）和约翰·梅耶（John Mayer）在 1990 年提出，后来被心理学家丹尼尔·戈尔曼（Daniel Goleman）进一步推广，使其在全球范围内引起了广泛关注。戈尔曼认为，情绪智力是指个体识别、理解、调节和管理自己及他人情绪的能力。这种能力不仅关乎个人的情绪健康，更影响着个人在社会交往中的人际关系处理、决策能力以及领导能力等多个方面。

在戈尔曼的理论中，情绪智力主要包括五个核心要素。

（一）自我意识（Self-Awareness）

指一个人对自己情绪的敏感度。能够准确识别自己当前的情绪状态是情绪智力的基础。如果一个人能够实时察觉到自己的情绪波动，那么他便能够更好地在社交场合中自我调节，避免情绪失控。自我意识的高低直接决定了一个人在压力或紧张时刻的反应表现。

（二）自我调节（Self-Regulation）

指在面对外部刺激时，能够控制和引导自己的情绪反应，而非任由情绪主导行为。例如，在遇到负面情绪时，一个情绪智力高的人能够通过合理方式纾解自己的愤怒、焦虑或悲伤情绪，而不会在社交场合中做出不理智的举动。自我调节可以帮助我们避免在情绪失控的情况下破坏已有的社交关系。

（三）动机（Motivation）

动机不仅仅是个人驱动的源泉，它还包括一个人在遇到挫折或失败时的抗压能力和积极心态。在社交场合中，动机使得一个人能够保持正向的态度，不轻易被负面情绪所击倒，并始终努力与他人建立积极的互动。高动机可以使人具备较强的适应能力和社交弹性。

（四）同理心（Empathy）

同理心是指能够理解他人情绪并对他人感受产生共鸣。这种能力在社交中尤为重要，因为它能够帮助我们站在对方的角度看待问题，从而更好地处理冲突和误解。具有同理心的人往往更能赢得他人的信任，建立深厚的人际关系。同理心不仅体现在理解他人的情绪，还包括对他人需求和动机的洞察。

（五）社交技能（Social Skills）

社交技能是情绪智力的外在表现。它涉及如何有效地与他人沟通、解决冲突、以及合作共赢的能力。一个情绪智力高的人，往往在社交场合中表现得自如，不仅能处理好与他人的关系，还能通过良好的互动来实现自己的目标。在职场中，社交技能与领导力、谈判能力等密不可分。

与传统意义上的智商（IQ）不同，情绪智力关注的是人与人之间的互动能力和情感处理能力，而不是逻辑思维或分析能力。智商决定了一个人解决复杂问题的能力，而情绪智力则决定了一个人如何应对复杂的社交情境。因此，情绪智力在许多职业和社交场合中，往往比智商更为重要。正如戈尔曼所言："情绪智力比智商更能决定一个人的成功。"

在社交场合中，情绪智力直接影响着个人的互动质量。举个例子，当我们在一次工作聚会上遇到激烈的讨论时，一个情绪智力高的人能够在情绪开始波动时，迅速意识到自己处于愤怒的边缘，并采取深呼吸等方式来平复情绪，避免在冲动之下说出可能伤害他人的话语。与此同时，他们也能够通过观察他人的表情和语气，判断出对方可能处于焦虑或紧张的状态，从而采取更加温和、包容的语调来化解对方的不安情绪。

虽然智力在很大程度上是与生俱来的，但情绪智力是可以通过后天学习和训练来提高的。提高情绪智力的第一步是提高自我觉察能力，通过冥想、反思等方法，增强对自己情绪状态的敏感度。其次，可以通过阅读、参加心理学课程或社交实践，提升自我调节能力和同理心。此外，定期与他人进行深入交流，也有助于培养社交技能和同理心。

二、情绪管理的实践：在社交中的应用

在社交中，情绪往往是"无声的语言"，通过面部表情、眼神、体态等传递给对方，而这些细微的变化通常会在潜移默化中左右对方的反应。

情绪在社交中扮演着至关重要的角色，良好的情绪管理能帮助我们在各种社交场合中保持冷静、专注，并有效控制局面。反之，未能妥善管理情绪可能导致焦虑、愤怒或不安等负面情绪扩散，进而影响人际互动的效果。

王先生是北京一家科技公司的销售经理，平时工作表现优异，但在面对重要客户时，经常因为压力而表现出紧张感。有一次，他需要与一位来自深圳的 VIP 客户进行项目演示，但在见面时，因为对方提出了几项质疑，他显得情绪波动，无法冷静回应。这种紧张的状态迅速影响了他整个团队的表现，最终项目合作未能达成。王先生事后反思，意识到自己在面对质疑时未能及时控制情绪，导致他未能以专业的态度展示出项目的优势。

在这一案例中，王先生的失败源于情绪管理的失控。在社交场合中，压力和质疑往往会成为触发负面情绪的诱因，而不善于应对这些情绪的人，通常会因此错失良机。心理学家在关于情商的理论中指出，情商的核心在于自我情绪的觉察与管理，尤其在压力下保持冷静是社交成功的重要因素。

情绪管理并不是一蹴而就的过程，它需要我们在日常生活和社交场合中进行不断地实践和调整。以下是几个在社交中常用的情绪调节技巧。

（一）暂停和思考

在情绪即将失控或感到紧张时，给自己一点时间，不急于做出回应。暂停几秒可以帮助你理清思路，避免情绪化反应。

（二）深呼吸

这是最简单也最实用的情绪调节方法。当面对社交场合中的压力时，进行几次深呼吸可以有效降低紧张感，缓解情绪波动。深呼吸能够增加血氧供应，帮助大脑更好地处理信息。

（三）关注对方，而非自己

在社交中，当我们过于关注自己的表现时，往往会感到紧张。相反，把注意力放在对方的言语和情绪上，可以有效减少自我焦虑。与其过度关注自己是否表达得好，不如关注对方的反应，以此调整对话的节奏。

（四）情绪日记

通过记录日常情绪波动和社交中的情绪反应，可以帮助我们更好地了解自己的情绪模式。长期坚持写情绪日记可以让我们发现哪些情境或人物容易引发情绪波动，提前做好准备。

王小姐在职场中性格内向，不善于在人多的场合发言。公司每周的部门会议是她的"噩梦"，尤其是每次轮到她发言时，她总会感到无比紧张，甚至有时语无伦次。为了克服这种恐惧，王小姐开始系统地学习情绪管理的方法。她采用了情绪日记的方法，每天记录自己的情绪波动，并在发言前做深呼吸练习。此外，她还调整了思维方式，不再把发言当作一种"展示"，而是将其视为一种与同事分享的机会。通过持续地练习，王小姐在几个月后终于能够在会议中轻松自如地发言，甚至得到了领导的表扬。

这一案例展示了情绪管理在社交中的实际应用。当我们面临挑战性的社交场合时，情绪管理不仅可以帮助我们保持冷静，还能够提高我们的自信心，从而更好地展现自己。通过正确的情绪调节技巧，我们可以逐渐培养出在社交中灵活应对的能力，让社交不再是压力，而是自我成长的机会。

情绪管理不仅是个人情绪的调节，更是与他人互动中的关键技能。良好的情绪管理能帮助我们在社交中展现最佳状态，赢得他人的信任和好感。现在，越来越多的职场人士开始意识到情绪管理的重要性，通过学习和实践，提升自我在社交场合中的表现。无论是个人生活，还是职业成功，情绪管理都是不可忽视的重要因素。

三、情绪管理与社交成功的关联

情绪管理影响着我们在人际交往中的表现。一个拥有良好情绪管理能力的人，通常能在人际关系中表现出更高的情商，更容易赢得他人的信任与好感。

根据心理学理论，情商（EQ）与成功有着密切的联系，而情绪管理正是情商的重要组成部分。情绪管理好的人，能够准确识别自己的情绪，理性分析情绪背后的原因，并采取恰当的行动来应对。反之，情绪失控的人则可能因为一时的冲动，做出不理智的行为，进而影响社交关系。

曾有一项在中国职场进行的调查显示，情商高的员工往往更容易在工作中获得同事和领导的认可，甚至在升职加薪方面也占据优势。

一位被采访的职场员工张女士（化名）分享了她的经历。在她刚进入职场时，面对领导的苛责，张女士常常因为情绪波动而情绪化地回应，这使她的职业形象大打折扣。经过一段时间的自我反思和情绪管理的学习，她学会了在受到批评时，先稳定自己的情绪，再理性分析问题的根源，并采取积极的解决方案。情绪管理能力的提升，不仅帮助她与领导建立了更和谐的关系，也让她在团队中树立了稳重、可靠的形象。

张女士的成功故事证明了情绪管理在人际关系中的深远影响，它不仅帮助她走出困境，更让她在职业发展中获得了长足进步。

此外，情绪管理还能帮助我们在冲突中更好地处理与他人的关系。在社交场合，冲突不可避免，而情绪管理能力强的人，往往能够在冲突发生时冷静处理，避免冲突升级。

陈先生在与合伙人合作初期，因意见不合几次差点撕破脸皮。但后来，他意识到情绪管理的重要性，并学习了冲突管理技巧。当再次与合伙人发生分歧时，陈先生学会了在情绪激动时暂时离开冲突现场，给自己时间冷静，事后通过冷静的讨论解决了双方的分歧。最终，这位创业者不仅保住了与合伙人的合作关系，还在合伙人的帮助下将企业做大做强。

这个案例就很好地展示了情绪管理在冲突处理中的作用，也表明情绪管理能够在复杂的社交环境中带来积极的结果。

总结来说，情绪管理与社交成功的关联不仅仅是简单的情绪调节，它涉及我们如何通过情绪影响他人，以及如何在复杂的社交环境中做出理智的选择。通过管理自己的情绪，我们可以在社交中展现更高的情商，建立更稳定、和谐的人际关系。无论是张女士的职场经历，还是陈先生的创业故事，都清楚地表明，良好的情绪管理能力是社交成功的关键因素之一。

掌握情绪管理，不仅能帮助我们在社交场合中如鱼得水，更能让我们在人生的各个领域获得成功。

第二节　读懂肢体语言，社交沟通更顺畅

在社交场合中，言语往往只占沟通的部分，而非语言的信号——尤其是肢体语言，实际上能传达出更多的信息。学会解读和运用肢体语言，

不仅能够帮助我们更好地理解对方的真实感受，还能提升自己的社交能力，使沟通更加顺畅。

一、肢体语言的基本概念

肢体语言——指通过身体姿态、面部表情、手势等非语言信号来传递信息的方式。它是一种无声的表达，通常与言语并行使用，帮助传达情感、态度和意图。

根据心理学家的研究，人在交流中约有 55% 的信息是通过肢体语言传达的，言语只占 7%，语调则占 38%。这意味着，如何使用肢体语言，常常比我们说什么更能影响他人对我们的印象。

在日常社交中，肢体语言在许多场合中都有显著的表现。比如，在职场中，面对上级或长辈，谦逊的姿态通常会给人以尊重的感觉。相反，如果与人交谈时手插口袋、身体后倾，往往会给对方留下不够重视、不礼貌的印象。

因此，理解肢体语言的基本概念，对于提高社交沟通能力至关重要。而常见的肢体语言的组成部分如下。

（一）面部表情

是最能直接表达情感的肢体语言之一。微笑通常代表友好与开放，而皱眉则传达困惑或不满。在社交中，保持微笑往往被认为是一种礼貌且积极的姿态，特别是在初次见面时，一个自然的微笑能够迅速拉近彼此的距离。

（二）眼神接触

是建立信任和沟通的重要方式。但是，长时间地直视眼睛可能会被视为不礼貌，特别是在面对长辈或上级时。然而，完全避免眼神接触也会让人觉得你缺乏自信或诚意。因此，适度的眼神接触可以表达尊重与关注。在商务场合中，保持短暂而频繁的眼神交流能够传达你的专注和信任感。

（三）手势与动作

是肢体语言的重要组成部分。例如，握手在商务场合中是非常常见的礼仪行为。握手的力度和持续时间往往传递出对对方的态度。一个坚定而不过分用力的握手能够表达自信与诚意，而如果握手过于软弱或时间过长，则会给人不稳重或过于热情的印象。

（四）身体姿态

往往反映出一个人的心理状态。站姿挺拔可以传达自信和专业，而弯腰驼背的姿势可能让人觉得你缺乏自信或过于紧张。在社交场合中，开放的身体姿态，如面对对方而不是侧身，表示你愿意倾听和交流，这也是建立融洽关系的关键。

郑先生参加了一场重要的商务洽谈，面对客户时，他的言辞十分得体，但客户却显得不够热情。原因在于，尽管王先生的话语表达了诚意，但他的身体语言却显示出紧张：他双臂交叉，眼神游离不定，时不时低头看手机，给客户留下了他并不专注、不够投入的印象。经过旁人提醒，他意识到自己的肢体语言问题，并在后续的洽谈中刻意保持眼神接触，身体微微前倾，并时刻保持开放的手势，最终获得了客户的信任，成功达成了合作。

通过这个案例我们可以看到，肢体语言不仅仅是语言的辅助工具，它本身就是一种强有力的沟通方式。特别是在商务场合，得体的肢体语言往往决定了沟通的成败。

肢体语言的基本概念虽简单，却在社交沟通中发挥着至关重要的作用。理解并善用肢体语言，能够让我们在社交场合中更加自如地表达自我，同时建立更加深厚的社交联系。

尤其中国是礼仪之邦，肢体语言常常是无声胜有声的沟通利器。通过学习如何读懂他人的肢体语言，我们不仅能够提升自己的情商与沟通能力，还能够在复杂的人际关系中游刃有余。

二、常见的肢体语言信号及其意义

据研究，在社交中，超过90%的信息传递是通过非语言交流实现的，而肢体语言在其中扮演着极为重要的角色。因此，掌握并读懂肢体语言能帮助我们更好地理解对方的真实意图。

接下来，我将以日常社交中常见的案例，让你了解最常见的肢体语言其背后的心理暗示，帮助你在实际社交场合中更加敏锐地捕捉到这些无声的信号。

（一）微笑

友好还是防御？

微笑通常被认为是表达友好的信号，尤其在初次见面时，一个微笑可以迅速缓解紧张的气氛，拉近彼此之间的距离。然而，并非所有的微笑都意味着友好。心理学家认为，微笑分为真诚的微笑和社交性的微笑，前者伴随着眼睛周围的皱纹，脸部肌肉自然放松；而后者则通常是表情僵硬，眼睛缺乏笑意。

在一场商务会议上，李先生初次见到了他的合作伙伴王女士。王女士在介绍时保持着微笑，但李先生观察到，尽管她嘴角上扬，眼部却没有明显的笑纹。这让李先生意识到，王女士可能并未真正感到轻松或友好，而是出于礼貌的防御型微笑。通过这个微小的细节，李先生更加小心翼翼地展开了接下来的对话，避免了过于激进的谈判策略。

心理学研究表明，微笑与人际互动的紧张程度密切相关。真诚的微笑通常表明对方的内心处于放松状态，而社交性的微笑则多是为了应对外界压力或社交期望。因此，在商务或社交场合中，识别微笑的类型有助于你判断对方的情绪状态，从而调整自己的沟通策略。

（二）交叉双臂

拒绝还是自我保护？

交叉双臂通常被认为是拒绝或防御的信号。然而，在不同的文化和情境下，它的含义可能会有所不同。在某些情况下，交叉双臂并不是完全拒绝，而是一种自我保护的姿态，用来应对不安或不确定的环境。

张小姐参加了一场行业研讨会，面对众多不熟悉的同行，她感到有些不安，于是下意识地交叉了双臂。主持人看到这一肢体语言，敏锐地意识到张小姐可能感到紧张，于是巧妙地提出了一个轻松的话题，引导大家讨论，缓解了现场的紧张气氛。张小姐逐渐放下了双臂，开始主动地参与讨论。

心理学家认为，交叉双臂是一种自我安慰的姿态，当人们感到压力、不确定或防御时，会下意识地采取这种姿势来"保护"自己。虽然交叉双臂有时会被解读为抗拒，但它更多是内心防御的体现。了解这一点，可以帮助你在社交中避免过度解读对方的意图，并通过创造安全感来消除对方的防御心理。

（三）点头

赞同还是敷衍？

点头通常被视为表达赞同的信号，但它的频率和幅度会透露更多信息。当一个人快速连续点头，通常意味着他们希望你尽快结束谈话；而缓慢地点头则表明对方正在认真倾听并思考你的话。

在一次销售洽谈中，销售员王先生注意到客户李经理在他讲解产品时频繁快速地点头。王先生意识到李经理可能并不是在表示赞同，而是希望尽快结束谈话。他迅速调整了话题，简洁明了地总结了产品的优势，并适时结束了陈述，避免了进一步的尴尬局面。

心理学研究表明，不同的点头速度和幅度反映了人们不同的情感反应。了解这一点可以帮助你更好地解读对方的反馈，并做出及时的调整，从而让对话更加顺畅。

（四）眼神接触

信任还是回避？

眼神接触是建立信任的关键之一。适度的眼神接触可以传达出真诚和信任，尤其是在商务谈判或求职面试中。然而，过多或过少的眼神接触则可能产生相反的效果。过多的眼神接触可能会让对方感到压力，而过少的眼神接触则容易被解读为缺乏自信或不诚实。

在一场求职面试中，面试官王先生发现应聘者小李在回答问题时频繁回避眼神接触，这让他对小李的自信心和诚意产生了怀疑。尽管小李的简历非常出色，王先生最终选择了另一位表现出更多眼神接触的候选人。

心理学研究表明，眼神接触不仅能够增强人与人之间的信任，还能传递出自信和专注。然而，眼神接触得过度或不足都可能导致误解。因此，在社交或职场中，掌握适度的眼神接触技巧至关重要。

三、应用肢体语言提升社交能力

我们已经从心理学的角度了解了肢体语言在社交时的重要性，那么，如何有效运用肢体语言提升社交能力，让其成为社交中的"隐形武器"呢？

以下是对应用肢体语言提升社交能力的建议。

（一）开放式体态

传递友好与接纳的信号。

社会心理学中的"行为反馈理论"表明，肢体姿势能够影响并调节我们的情绪状态。比如，当人们保持开放式体态时，不仅给他人传递出友好与接纳的信号，还能自我增强信心。

与此相反，封闭式的体态，如双臂交叉或缩小身体空间，往往会给他人一种防御或排斥的感觉。这种肢体语言的潜在影响可能会阻碍沟通的流畅性。因此，在社交场合中，尽量保持身体的开放，手臂自然放置，能够有效传递出友善与诚意沟通的信号。

（二）微小手势

加强言辞的表现力。

认知科学研究发现，手势能够帮助大脑更好地组织语言，尤其在复杂的对话中，手势能帮助我们更有条理地表达想法。

而微小而精确的手势，如轻点桌面或轻举手指，能够强调某些关键点，引导听众的注意力。运用这些"微型"手势时，讲者无须过多依赖语言，便能有效传达意图，增加互动中的多样性和趣味性。

（三）空间管理

心理距离的调节工具。

人际距离理论由人类学家爱德华·霍尔提出，他认为人们通常会根据与对方的亲密程度调整彼此的距离。在社交场合中，保持适当的距离不仅能够避免压力，还能营造舒适的氛围。

通过敏锐感知他人的肢体反应，可以判断是否需要拉近或拉远距离。在和他人互动时，如果对方稍微后退，这表明他们可能需要更多的私人空间，强行接近反而会让人感到不适。因此，学会管理与调节心理距离是提升社交技能的重要一步。

（四）镜像动作

建立无意识的信任关系。

镜像行为是指在互动过程中，通过模仿对方的动作、姿势或表情，来建立无意识的亲近感和信任感。

这个概念来源于"神经元镜像理论"，当我们看到他人做某个动作时，这些神经元会自动激活，导致我们产生模仿的倾向。因此，当我们在社交中自然地模仿对方的行为时，双方会无意识地产生共鸣，形成一种深层的情感联系。

镜像动作的关键在于其自然性。过度或不恰当的模仿可能会引发不适或尴尬。因此，在实践中，重要的是保持动作的自然，通过轻微调整体态或动作，适度反应对方的行为，这可以帮助迅速建立融洽的社交氛围。

第三节　如何在对话中展现同理心与倾听技巧

在社交互动中，同理心和倾听技巧是情商的核心要素，能够有效拉近人与人之间的距离。通过有效倾听和表现出真正的关心，不仅可以建立更深的信任，还能促进双方的理解与合作，使对话更有意义，关系更具持续性。

一、理解同理心的核心

同理心，指个体能够感知、理解他人的情感，并且能够将这种情感反映在自己的行为和言语中。它不仅是对他人情感的认同，还包括对他人处境的深刻理解，这一过程要求我们能够超越自身的经验，设身处地为他人考虑。

同理心的核心可以分为以下几个方面。

（一）情感同理

指个体对他人情感的感知与共鸣。它要求我们能够感受到他人的情绪，并理解这些情绪产生的原因。

（二）认知同理

指个体能够从他人的视角出发理解他们的想法和感受。这一过程要求我们不仅仅停留在情感的表层，而是深入理解他人为何会有这样的情绪。

（三）反应同理

则强调个体在感知他人情感后，能够采取适当的行动或言语来支持对方。这意味着在理解他人的情感后，我们不仅要表达关心，还要给予具体的帮助或支持。

同理心是一种理解他人情绪、立场和感受的能力。它并非简单地表示"同情"，而是要求站在对方的角度去感知他们的情绪和需求。

在日常工作交流中，领导者如果仅仅通过命令式的沟通来指挥下属，往往会让员工感到被忽视和不被尊重。相反，运用同理心的领导者会先站在员工的角度思考问题，理解他们的困境和挑战，并适当地表达理解，从而增强员工的工作积极性和忠诚度。

一个真实的案例来自深圳一家科技公司的创业者王先生。作为公司的 CEO，他在公司内部推行了一个新的项目管理系统。然而，很多员工在使用新系统的过程中遇到了不适应的问题，工作效率也因此受到了影响。最初，王先生对员工的反馈并未给予足够的重视，认为这是他们对变化的抵触，直接要求大家必须适应新系统。

结果，公司的整体工作氛围变得压抑，很多员工表现出抵触情绪，甚至在日常沟通中不再主动与管理层互动。后来，王先生意识到，自己忽略了员工的感受和反馈，并决定改变沟通方式。在一次公司内部会议上，他首先表达了对员工使用新系统困难的理解，并详细询问了每个部门在实际使用中遇到的具体问题。在倾听了各方面的意见之后，王先生决定为不同岗位的员工提供针对性培训，并且放宽了新系统的适应期限。

这一转变显著提升了公司的士气，员工们感到自己被尊重，同时也更加愿意接受新的工作方式。通过这种方式，王先生成功运用了同理心和倾听技巧，不仅解决了实际问题，还促进了公司内部的和谐沟通。

在这个案例中，王先生一开始忽视了员工的感受，导致了沟通不畅和内部矛盾的产生。而在他调整策略，采用同理心并倾听员工的声音后，情况得到了显著改善。这一案例充分体现了同理心在沟通中的重要性。

心理学家丹尼尔·戈尔曼在其著作《情商》中强调，情商的核心包括自我意识、自我管理、社交意识和关系管理，其中社交意识正是同理心的体现。他认为，具备同理心的人在社会交往中更容易获得他人的信任和支持。这一理论在企业管理中得到了广泛应用，特别是在提升团队协作和沟通效率方面。

二、倾听技巧的重要性

掌握倾听技巧，可以让我们在社交中事半功倍。它是最适合"i人"的交流方式，可以发挥"人"的同理心和善于倾听的优势，通过技巧使对方感到被尊重和理解，从而提升社交效果。

倾听，并不只是被动地听取信息，而是一种积极的行为。

真正的倾听需要专注和耐心，不仅要关注对方的语言内容，还要通过非语言信号（如语气、表情、身体语言等）来理解对方的情感和意图。正如心理学家卡尔·罗杰斯所提出的"无条件积极关注"理论，倾听意味着在交流中放下偏见，全然地接纳对方的表达。

在社交中，很多误会和沟通不畅的根源往往在于我们没有认真倾听对方。有一位心理咨询师曾指出，许多人在对话中常常急于表达自己，却忽视了对方的需求和感受。这种倾向会导致沟通变成单向的独白，而非双向互动。

通过倾听，我们可以更好地理解对方的立场和情感需求，进而进行有效的回应。

王先生是一位企业经理，平时工作繁忙，经常需要与团队成员进行沟通。一次，在团队会议中，他的助理小李提出了一些新的工作建议，但王先生当时正忙于回复手机消息，并没有认真倾听小李的意见。会后，小李感到自己不被重视，工作积极性也明显下降。王先生后来意识到这一问题，并在之后的沟通中主动调整了自己的态度。他放下手机，专注于听取小李的每一个观点，并通过眼神和语言表达对小李的肯定。这次沟通之后，小李重新恢复了信心，并且在工作中表现得更加出色。

这个案例说明了倾听在社交中的重要性。当我们忽视对方的表达时，不仅会影响对方的情绪，还可能影响彼此之间的信任。而通过积极倾听，王先生不仅修复了与小李的关系，还提升了团队的凝聚力和工作效率。

卡尔·罗杰斯的"以人为本"疗法中提到，倾听是一种建立人际信任的重要方式。当我们在社交中全神贯注地倾听对方时，对方会感到自己被重视，这种情感认同是建立信任的基础。而信任是良好人际关系的核心，它可以促进沟通的顺畅进行，避免误解和冲突的产生。

具体来说，倾听技巧可以通过以下几个方面促进社交中的信任。

（一）增强对方的参与感

当我们认真倾听对方的发言时，对方会感到自己在这场对话中占有重要地位，从而增强其参与感和责任感。

（二）减少冲突与误解

很多冲突往往源于沟通中的误解。而通过倾听，我们可以深入了解对方的真实需求和立场，避免因为信息偏差而产生的矛盾。

（三）增强情感连接

积极倾听是一种表达关心和理解的方式，它可以增强彼此的情感连接。特别是在亲密关系中，倾听能够让对方感受到你的关注和支持，增进彼此的感情。

倾听虽然看似简单，但在实际操作中常常受到各种因素的影响，比如注意力不集中、个人情绪干扰等。那么，如何在实际社交中提高自己的倾听技巧呢？以下几点可以帮助你提升。

（一）保持眼神交流

在对话中，保持眼神交流是一种尊重和关注的体现。它可以帮助你专注于对方的表达，并通过眼神传递出你对对方的兴趣和关心。

（二）控制打断和反驳的欲望

很多人在对话中常常会急于表达自己的观点，甚至会打断对方的发言。尽量控制这种欲望，先倾听完对方的表达，再给予回应。

（三）适时给予反馈

通过点头、微笑等肢体语言或简单的回应（如"我明白了""这个想法不错"等）来表示你正在认真倾听。这样的反馈可以增强对方的表达欲望，使对话更加顺畅。

（四）总结和复述

在对话结束时，尝试对对方的主要观点进行总结或复述，这不仅可以确保你准确理解了对方的意思，还能让对方感受到你对其观点的重视。

在当今这个信息过载、节奏快速的社会中，倾听技巧显得尤为重要。它不仅能够促进有效沟通，还能增强彼此之间的信任感和情感连接。通过倾听，我们能够更好地理解他人的情感和需求，从而在社交中获得更好的互动体验。希望每个人都能认识到倾听的价值，并在日常社交中加以运用。

三、实际应用：在对话中运用同理心与倾听技巧

在日常生活中，运用同理心与倾听技巧可以显著提升人与人之间的沟通质量，尤其是在复杂的社交环境中。这些技能不仅有助于建立信任，还能增强彼此的情感连接，使交流变得更加顺畅。

以下是一些实际应用中的小技巧。

（一）如何在对话中展示同理心

1.观察并识别对方的情绪：在对话中，展现同理心的第一步是通过观察对方的言行举止，准确识别他们的情绪。紧绷的肩膀、皱起的眉头或者频繁的手势往往反映出对方的焦虑或紧张情绪。如果对方说话语速加快或语调提高，可能表明他们在情绪上感到激动或焦虑。

例如，在一个工作场合中，如果你的同事在讨论项目时频繁皱眉、叹气，那么他可能感到压力很大。此时你应该意识到这些情绪，并据此调整你的回应。

2. 表达理解与认同：一旦你识别了对方的情绪，下一步就是通过言语或非言语的方式向对方表达理解。这个过程可以简单地概括为：让对方知道你感受到了他们的情绪，并且你站在他们的角度去理解问题。

你可以通过直接提问来确认对方的情绪。例如，"我注意到你看起来有点紧张，这个项目是不是让你感觉有压力？"这类问题可以帮助你验证自己对对方情绪的感知是否准确，同时也表明你对他们的感受很关注。

除了确认情绪，你还可以通过共鸣的方式表达认同。例如，当对方在分享一段艰难的经历时，你可以说："我能够想象，这一定让你感到非常难受。"这种回应不仅让对方感到被理解，还可以拉近你们之间的距离。

重要的是，在表达同理心时，语气和态度也需要真诚。如果只是一味地口头认同而没有真正的情感投入，对方很容易察觉到你的敷衍，反而可能增加他们的抵触情绪。

3. 使用情感回应和共鸣式提问：情感回应是指你根据对方的情绪，用简洁的语言或肢体语言做出反馈，以表明你在认真倾听并理解他们的感受。这种回应可以帮助对方感到安心和被关注。

比如"嗯，我明白""这听起来很难"或"我能感受到你现在的情绪"，这些简单的语句能够有效地传达你在倾听并认同对方的感受。

你也可以通过提问来引导对方进一步表达感受。例如，当对方分享一件令他失望的事情时，你可以问："这件事让你感到非常沮丧，对吗？"这样的提问不仅能让对方进一步梳理情绪，还能让他们感到你在真心关心他们的处境。

4. 实际应用中的挑战与解决方法：当对方情绪激动时，保持冷静是关键。过度情绪化的回应可能会让局势变得更糟。

在涉及多方利益的对话中，展现同理心不仅仅是针对一方，而是要顾及各方的感受。这需要你在沟通中展现出全面的情绪理解能力，同时也要保持客观和公平。

在社交中展示同理心能够有效提升沟通质量、增强信任感、缓解冲突和矛盾，并增进团队合作。同理心让你更好地理解他人的情感需求，通过积极倾听和恰当回应，创造更和谐的互动环境。同时，它还能增强个人的社交吸引力，帮助你建立深层次的关系，提升情商，使你在人际交往中更具亲和力和影响力。

（二）如何在对话中展示倾听技巧

1.主动提问是鼓励对方表达的有效方式。在对话中使用开放式问题，可以激发对方分享更多的想法和情感。例如，当朋友谈到工作压力时，你可以问："你对此有什么看法？"或"这对你意味着什么？"这样的提问不仅展示了你对他们感受的关注，还为他们提供了一个表达自我的平台。通过深入探讨，双方都能更好地理解对方的观点。

2.反应与总结对方所说的内容是显示你在认真倾听的好方法。在对话过程中，适时地反应对方的观点或情感，可以让他们感受到被理解和重视。例如，当朋友表达出对某个决定的困惑时，你可以说："听起来你对这个决定感到很困惑，这让我想到了……"这种总结不仅表明你在认真倾听，还能促进对话的深入。在中国的职场中，管理者可以通过这样的技巧，增强团队成员之间的信任感，提高团队的凝聚力。

3.适当地分享个人体验也能增强彼此的亲密感。然而，分享的内容需谨慎，避免使对话偏向自己。例如，当你的朋友分享他们的挫折时，你可以说："我也经历过类似的事情，那时我感到很无助，但我找到了一种方法……"这种分享不仅能让对方感到被理解，也能帮助他们看到问题的不同角度。通过分享，你们能够在情感层面建立更深的联系。

4.倾听并不只是静静地听对方说话，而是要真正理解他们的情感和想法。比如，当家人或朋友在谈论他们的烦恼时，除了回应他们的观点，更要注意语气和情感的变化。你可以适时地询问："你听起来有点沮丧，发生了什么？"这样的反应能够让对方感受到你不仅在听他们说什么，更在乎他们的感受。这种同理心的表达，不仅会让对方感到温暖，也会促使他们更愿意分享自己的内心世界。

在社交场合中，使用这些技巧，可以帮助我们建立起更深层次的联系。在商业环境中，良好的倾听技巧不仅能够提高沟通效率，还能增强团队的合作精神。例如，在团队会议上，团队成员之间能够通过倾听与反应，快速达成共识，提高工作效率。

04
PART

掌控社交场合的节奏

第一节 不善言辞？如何巧妙提出好问题

在社交场合中，提问是一项强有力的工具，它不仅能够推动对话，还能够在短时间内与他人建立深入的联系。然而，很多人尤其是"i人"不知道该如何提出合适的问题，导致对话陷入尴尬或无法深入。那么，为什么提问如此重要？该怎么提出一个好问题？本节将结合案例详细探讨，并给出合理建议。

一、问题的力量：为何提问至关重要

一位心理学家曾经说过："问题是思维的引擎。"通过提问，我们可以引导对方进行思考和分享，并由此深入了解彼此。对于那些不善言辞的人来说，提问更是进入对话、打破沉默的有力方式。

提问能够有效地向对方传递"我对你很感兴趣"的信号，这种兴趣是建立良好社交关系的基础。尤其是在初次见面或陌生环境中，适当的提问可以拉近彼此距离。

内地某企业家李先生在商务聚会中遇到一位重要的合作伙伴。尽管他并不善于即兴发挥，但他通过询问对方对当前行业趋势的看法，成功引起了对方的兴趣，并在接下来的对话中深入探讨了彼此关心的话题。这种通过提问引发的互动，不仅帮助李先生在短时间内与对方建立了联系，还为未来的合作奠定了基础。

提问是掌控社交场合节奏的有效工具。通过合适的问题，我们可以引导对话朝着我们期望的方向发展，而不会让谈话变得失控或毫无主题。

某互联网公司的团队会议上，项目经理张女士并没有直接指示团队如何完成任务，而是通过一连串的问题——"你觉得目前的方案有什么风险？""我们可以如何优化用户体验？"等，引导团队自己找到答案。这种提问方式不仅提升了团队的自主性和积极性，还增强了团队成员之间的合作。

提问不仅仅是为了获取答案，更重要的是通过问题展示自己的思维方式和深度。在社交场合，特别是职场或商务会议中，能够提出深刻、富有见解的问题常常能让你脱颖而出。

在一次行业峰会上，一位来自深圳的初创公司负责人陈先生通过提问引发了热烈的讨论。他提出了"在当前市场环境下，AI 技术如何能够更好地赋能传统制造业？"这一问题，不仅抓住了会议的核心主题，还引导了与会者们对未来科技与传统行业融合的深度思考。最终，他的问题得到了多方关注，并为他的公司赢得了宝贵的合作机会。

提问不仅是表达自己兴趣的方式，也是一种给予对方话语权的手段。通过询问对方的意见、感受或经验，能够让对方感受到被尊重和重视。这种社交技巧在拉近关系、建立信任中起着至关重要的作用。

一位在杭州工作的销售经理刘女士，常常通过提问来与客户建立信任。当她与潜在客户进行初步接洽时，她并没有急于推销产品，而是首先问客户："您的公司目前最大的挑战是什么？"这种问题不仅引发了客户的深入思考，也让刘女士更好地了解了客户的需求，最终达成了销售合作。

无论是在初次见面的社交场合，还是在深度讨论中，提问都能够为你打开更多的可能性。通过合适的提问，你不仅可以引导对话的方向，还能够建立深度的情感连接，展示自己的智慧与专业性。只要掌握了提问的技巧，即使是不善言辞的"i人"，也能够轻松掌控社交场合的节奏，游刃有余地应对各种互动场景。

二、有效问题的类型

什么是有效问题？指能够引导对方思考、表达想法或情感，从而促进对话深入、明确问题本质并达到沟通目的的提问方式。

对话中的有效提问不仅仅是为了获取简单的答案，更重要的是可以使双方在对话中相互理解，建立联系。通常有效提问具有开放性、针对性和启发性，能够帮助发问者更好地了解对方的想法、感受或观点。

与之相对的，不能很好地促进谈话深入的问题是无效提问，它们通常表现为过于封闭、引导性过强、模糊或带有偏见。

小李和他的团队刚完成一个项目，团队负责人老张想了解项目进展情况以及小李的反馈，在项目总结会议上，老张问小李："你觉得项目做得还不错吧？"

这个问题之所以被归为无效提问，有以下两个原因：首先，引导性太强。"你觉得……"这样的句式带有明显的倾向性，老张已经暗示了自己对项目的评价——"不错"。这会让小李感到压力，倾向于附和老张的看法，而不是表达自己真实的意见或可能存在的困惑和问题。其次，问题缺乏具体性。问得过于模糊，缺乏明确的方向，老张并没有具体询问项目的哪些方面做得好或需要改进。被提问的小李即使想提供反馈，也不知道从哪个方面着手。

提问作为一项至关重要的技能，在日常生活中却常常被人们忽视，而常常不知道怎么掌握对话技巧的"i人"们更是不知道如何找到合适的问题。那么，当你想要提问时，可以考虑以下几种类型的有效问题。

（一）开放式问题

引导对话，激发思考

开放式问题是一种最常见且最有效的提问方式，旨在引导对方表达更丰富的思想和感受，而非简单的"是"或"否"的回答。它通常以"为什么""如何""是什么"等关键词开头，给对方留出足够的空间进行详尽的阐述。

例如，当你与一位新认识的同事聊天时，提问"你为什么选择这个行业？"比"你喜欢这份工作吗？"更有助于引导对方深入分享其职业经历与思考。

（二）封闭式问题

精准获取信息

与开放式问题相对的是封闭式问题，这类问题通常只要求简单地回答，如"是"或"否"。虽然封闭式问题看似限制了对话的广度，但在某些特定情况下，它们可以帮助我们精准获取所需的信息，或为进一步的讨论铺垫基础。

例如，王先生是一位销售人员，在一次客户拜访中，他需要确认对方对某款产品的具体需求。他问道："您现在有考虑购买我们新款设备的计划吗？"这个封闭式问题直接指向对方的购买意向，能迅速得出关键信息。在得到肯定或否定回答后，王先生可以进一步根据客户的需求调整沟通策略。

（三）假设性问题

激发创造性思维

假设性问题是一种引导对方进入想象或推理的提问方式，它通常涉及某种情境假设，要求对方进行思考和回应。这类问题有助于激发对方的创造性思维，并为讨论带来更多的可能性。

假设性问题在商业谈判和决策中非常实用。例如，在一个团队会议中，张经理为了讨论未来的市场战略，他提问："如果我们今年的预算增加30%，你们觉得哪项投资最能带来增长？"这个问题通过假设的前提引导团队成员进行头脑风暴，并带来了许多创新的想法。

（四）澄清性问题

深化理解，消除误解

在对话中，双方的观点和信息并不总是清晰明确的，因此，澄清性问题的提出至关重要。它可以帮助我们更好地理解对方的立场和意图，并确保在沟通中减少误解。

例如，在一次项目会议上，团队成员讨论了一项技术方案，但由于技术术语众多，李总并不完全理解。因此，他问道："刚才提到的'负载均衡'，具体指的是哪一方面的优化？"通过这个问题，李总得到了更清晰的解答，也确保了接下来讨论的有效性。

三、实践中的提问技巧

心理学研究表明，通过提问调动他人的思维活动，能激发对方表达的欲望。根据"苏格拉底式提问法"，提出开放性的问题能引导对话的深入，而封闭性问题则有助于迅速确认信息。因此，掌握这两类问题的使用场景，能使提问变得更加高效。

开放性问题是指那些没有简单"是"或"否"答案的问题。这类问题鼓励对方进行思考，分享更多信息。封闭性问题则更为直接，适合用在需要确认某些信息的场合。

张先生是一名在北京工作的产品经理。在一次公司举办的跨部门交流会，他需要与来自不同部门的同事进行互动。这对于性格内向、不善言辞的他来说是个挑战。在交流初期，他选择站在旁边聆听他人发言，并在适当的时机提出几个简短但有深度的问题。张先生通过向对方询问与项目相关的具体问题，比如"你认为我们在这个项目上最大的难点是什么？"成功地引导了对方分享其观点。随着对话的深入，张先生逐渐成为讨论的焦点，建立了良好的互动氛围。

通过这个案例可以看出，张先生的提问方式成功地展示了专业性和思考力，迅速在同事间树立起专业的形象，并通过提问巧妙缓解了社交紧张感和有效引导对话，使对话深入发展，从而建立更有意义的联系。

在实践中，想要掌握提问技巧可以通过以下几个策略逐步提升。

（一）做好准备，制订提问目标

在参加社交场合之前，提前准备一些问题能够帮助你更从容地应对交流。例如，参加一场行业会议时，提前思考几个与主题相关的问题，不仅能展示你的兴趣，还能避免冷场。

（二）关注对方，基于对方的回答进行提问

在对话中，通过对方的回答提出进一步的问题，能够展示你的关注与倾听。例如，在一场讨论中，如果对方提到"我们最近在优化供应链流程"，你可以跟进问道："你们是如何确定哪些环节是需要优化的？"这样的问题能够让对方感受到你对其话题的重视，并且引导对方提供更多信息。

（三）适当运用开放性问题引发对话

当对话陷入僵局时，开放性问题能够帮助打破沉默。例如，在与新认识的同事交谈时，简单的"你对这个领域有什么看法？"可以有效打开话匣子，促进对方的表达。

（四）避免连续发问，给对方留出回应的空间

在提问过程中，要注意避免连续发问。每提出一个问题后，要给对方足够的时间进行回应。这种方式不仅能够展示你的耐心，还能让对方感受到被尊重。

在社交场合中，提问技巧之所以重要，是因为它不仅能够帮助你获取信息，更能够在无形中展示你的沟通能力与思维深度。在社交中，提问不仅是一种信息获取的方式，还带有一定的礼貌与互动功能。通过巧妙地提出问题，你能够在潜移默化中赢得他人的尊重与信任。

第二节 掌控话题切换，让社交氛围不冷场

在社交场合中，话题的切换往往决定了交谈的氛围与持续性。掌握话题切换的艺术，不仅能避免冷场，还能让对话更加深入与丰富。以下是一些有效的方法和实际案例，帮助你在社交场合中灵活应对。

一、识别话题的动态性

我们可以将话题的动态性理解为对话中"气氛的温度计"，当一方对某个话题表现出兴趣时，话题便会持续深入；而一旦对方情绪低落或

显得不感兴趣，话题就需要迅速调整。对于参与者来说，及时识别这种动态，调整话题，才能确保互动的持续与融洽。

在面对面的社交场合中，观察对方的肢体语言、面部表情以及说话语气，是识别话题动态性的重要途径。

张先生是一位来自广州的销售经理，某次他和一位潜在客户在上海参加了一场商务午餐会。在午餐伊始，张先生先从对方的公司产品切入，简单聊了一些行业内的趋势。起初，客户表现得很冷静，只是简单地回应着，不表现出太多的热情。张先生立即意识到话题的动态性变化，于是他迅速转变了策略，聊起了客户公司的企业文化。很快，客户开始兴奋地分享公司如何打造员工的幸福感，特别是最近公司在内部举办的一场趣味运动会。张先生从客户的表情和话语中察觉到这个话题更符合他的兴趣，随后他也加入了对活动策划的讨论，双方的气氛迅速变得轻松愉快。

这个案例中，张先生能够在短时间内识别出话题的动态性，通过调整话题切入客户的兴趣点，成功将一开始较为冷淡的商务气氛转变为轻松互动。这不仅加深了彼此的了解，也为后续的业务合作奠定了基础。

虽然掌握话题的动态性在社交中非常重要，但过于频繁或不恰当地切换话题也可能导致尴尬或失去焦点。常见的误区包括：

（一）过于仓促地切换话题

当对方尚未完全表达完一个话题时，突然转移到另一个完全无关的话题，会让对方觉得自己的话语不被尊重。

（二）忽视对方情绪变化

有时，对方可能在讨论中出现了短暂的情绪低落，过于频繁地切换反而可能加重这种情绪，应给予适当的回应与安抚。

（三）单方面主导话题

无论话题动态如何演变，社交中的互动应是双向的。如果单方面强行主导话题，可能会导致对方产生被忽视或不受尊重的感受。

识别话题的动态性在日常生活中也同样重要。比如在朋友聚会上，谈论娱乐八卦可能会引起一部分人的兴趣，但随着对方的表情和反应变化，及时切换到更具深度的话题，能够维持互动的活跃与持久。同样，在职场会议中，识别不同同事对不同议题的关注点，也有助于更好地引导讨论，确保会议高效有序地进行。

二、利用开放式问题引导

开放式问题，顾名思义，是那些没有固定答案、需要对方进行思考或表达个人意见的问题。例如，问"你对这本书的哪一部分印象最深刻？"就能引发更丰富的讨论，并带动对方进一步阐述观点。

开放式问题之所以有效，是因为它们能够激发对方的表达欲望，避免对话陷入僵局。尤其是在社交场合，开放式问题能够迅速拉近双方距离，既能展示提问者的关心与兴趣，也能避免不必要的尴尬。

在一次公司组织的商务晚宴上，李先生意识到与同行的对话进入了僵局，几位与会者在简短的寒暄之后，便陷入了沉默。面对这种局面，李先生采取了开放式问题的策略，向身边的一位新认识的合作伙伴提问："您最近对市场的哪些趋势感到最有趣？有没有特别的变化引起了您的注意？"

这个问题不仅打破了僵局，还让对方有机会表达自己的看法，并分享对行业的见解。对方感受到李先生的兴趣与尊重，随即展开了详细的讨论，谈论了最近的市场数据和行业动态。这一对话不仅让李先生进一步了解了对方的专业背景，还为接下来的合作埋下了伏笔。

通过开放式问题，李先生成功地引导了对话的走向，避免了可能产生的冷场。这类问题不仅展示了他的职业素养，还让社交氛围变得更加轻松自然。双方在轻松的对话中建立了初步的信任感，为后续合作打下了基础。

开放式问题的有效性可以从社交心理学的角度得到解释。在社交互动中，人们往往希望能够被他人关注和理解，而开放式问题正好提供了这样的机会。这类问题可以帮助提问者展示出对他人兴趣的真实性，激发对方的表达欲望，促进彼此的沟通。

从实践的角度看，开放式问题还能起到缓解紧张气氛的作用。许多人在社交场合，尤其是初次见面时，会感到拘谨甚至不知所措，这时一个开放式问题能有效打破这种紧张感。开放式问题不仅为对方提供了一个表达自我的机会，也让谈话者有更多的时间和信息去理解对方，进而做出恰当的回应。

在一次行业展会上，张女士遇到了一位资深投资人，尽管张女士对投资领域并不十分了解，但她想利用这个机会拓展人脉，并探讨未来的合作可能。为此，她并没有直接询问投资人关于投资的具体问题，而是巧妙地提出了一个开放式问题："您觉得在未来五年内，哪些新兴领域会有更多的投资机会？"

这个问题不但展示了张女士对行业的关注，还给了投资人表达自己见解的空间。投资人对此非常感兴趣，并详细解释了他对不同市场的看法，谈到了科技、医疗等领域的潜力。这不仅让张女士获取了宝贵的行业洞见，还为双方接下来的深入交流打下了基础。

通过这个开放式问题，张女士不仅避免了显得过于急功近利，还成功地建立了与投资人的关系。这类问题的核心在于引发对方的思考，而不是简单地索取信息。开放式问题通过增加对话的延展性，打破了陌生人之间的"冰墙"，让张女士有了更多的机会展示自己的专业性与诚意。

利用开放式问题引导话题切换，是掌控社交节奏的关键技巧之一。通过这种提问方式，社交者可以避免冷场，激发对方的兴趣和表达欲望。

三、使用"桥梁话题"进行平滑切换

"桥梁话题"是一种用于连接两个看似不相关话题的技巧，使得话题转换变得自然、顺畅。就像修建桥梁一样，"桥梁话题"可以搭建一个过渡的路径，使参与者不会因察觉话题突然改变而感到突兀或不适。

使用"桥梁话题"的核心在于找到两个话题之间的共同点，并借助这一共同点进行切换。而在切换过程中有许多值得注意的要点，我们可以对下面这个例子进行分析学习：

王先生是一位在国内某知名电商企业工作的销售经理，日常工作中经常需要与客户进行商务洽谈。在一次重要的商务晚宴上，王先生与一位新客户初次见面，起初双方的对话围绕着公司产品展开。然而，随着对话的深入，客户似乎对产品细节失去了兴趣，对话的气氛开始变得僵硬。为了避免冷场，王先生观察到客户的手机屏幕上有一张他最近到三亚旅游的照片。于是，他巧妙地将话题从产品转移到旅游。

王先生说："刚刚看见您的手机背景是三亚的海滩，我前段时间也刚去过三亚，真的是个让人放松的好地方，您觉得哪里最值得推荐呢？"

通过这个自然的过渡，王先生成功地将话题从正式的产品讨论转向了轻松的旅游话题，而客户也明显放松了下来，开始分享他在三亚的旅游经历。随后，王先生借此机会与客户拉近了关系，并在之后的洽谈中顺利推进了业务合作。

在这个案例中，王先生巧妙地利用了"桥梁话题"这一技巧。他将话题顺利地从严肃的商务讨论过渡到轻松的对话氛围，既化解了即将冷

场的尴尬，也拉近了与客户的距离。而他是通过以下技巧达到顺利切换话题的目的。

（一）察言观色，找到共通点

王先生在客户逐渐失去兴趣的情况下，迅速通过观察找到了切换话题的突破口——客户手机上的三亚照片。在社交场合中，特别是当对方开始表现出疲惫或不耐烦时，寻找一个对方感兴趣的话题成为切换的关键。共通点往往是人们愿意展开对话的领域，旅游、爱好、饮食等话题都常常是不错的选择。

（二）自然过渡，保持对话连贯性

王先生并没有突兀地改变话题，而是通过旅游的共同话题将对话引导到另一个轻松的方向。这种桥梁式的过渡避免了突然的沉默，也让客户没有察觉到话题的改变，反而顺势接话。保持对话的连贯性，是话题切换成功的核心要素。

（三）情境意识，匹配对话氛围

在社交中，尤其是在较为正式的场合下，直接进入过于轻松的私人话题可能显得唐突。但王先生的选择非常得当，他选择了与客户相关的"旅游"作为切入点，这是一个相对安全的"中性"话题，既不涉及太多私人内容，也能轻松引起对方的兴趣。

根据"社会交换理论"，人们在社交过程中往往倾向于选择能够带来正面情感回报的互动。当话题符合对方的兴趣点或情感需求时，对方会更愿意继续参与对话，而话题转换的顺畅程度直接影响这种互动的质量。

尽管"桥梁话题"是一种非常实用的技巧，但在实践中也有其挑战。首先，找到合适的"桥梁话题"需要敏锐的观察力和良好的情境判断能力。

如果你选择的话题过于牵强，或者与当前氛围不符，反而会显得不自然甚至尴尬。其次，过度依赖"桥梁话题"切换可能会让对话显得缺乏深度，流于表面。因此，在使用这一技巧时，平衡话题的深浅和转变的频率也十分重要。

第三节　社交禁忌：避免尴尬的雷区

每个人都希望在社交中给人留下良好的印象，但往往一些不经意的言行可能会导致尴尬局面，甚至影响人际关系。掌握社交禁忌，不仅能够让你更自如地应对各种场合，还能帮助你更好地融入人际交往的氛围。

一、话题选择：避免敏感和争议

在社交场合中，话题的选择至关重要，尤其是要避免触碰那些敏感和具有争议性的话题。无论是正式场合还是私人聚会，选择合适的话题都有助于营造良好的沟通氛围。反之，若不慎触及敏感话题，可能会引发误解、争执甚至冷场。

（一）避免个人隐私话题

虽然大家常常关心彼此的家庭和生活，但有些私人话题，尤其是涉及个人隐私的内容，应当尽量避免。例如，收入、婚姻状况、年龄等问题，如果在不合时宜的场合被提及，可能会让对方感到被冒犯。

一位白领赵女士曾分享过这样一个经历：她在朋友的聚会上初次认识了一位新朋友，对方很快开始询问她的婚姻状况和收入水平。虽然对方出于好奇并无恶意，但赵女士仍感到不适和尴尬，内心产生了排斥感。结果，她迅速结束了这次谈话，并刻意在之后的聚会上避免与那位新朋友互动。

这个案例与"社交距离"理论息息相关。社交距离指的是人们在互动中保持的心理或情感距离，通常会随着彼此熟悉程度的提高而逐步缩短。然而，在关系尚未足够密切时，贸然进入对方的"私人领域"，会打破这种距离感，造成社交中的尴尬和排斥。因此，在社交初期，尽量避免询问个人隐私问题，尊重对方的边界，才能让关系逐步自然地发展。

（二）避免过度探讨消极话题

消极话题，如疾病、死亡或生活中的不幸，虽然在某些特定的场合下需要被讨论，但在一般的社交场合中并不适合。因为这类话题容易给人带来负面情绪，破坏轻松愉快的氛围。

在一次亲戚聚会上，王先生无意间开始讨论某位亲友的健康问题，接着话题发展到对方的疾病和长期治疗方案。这让原本欢快的家庭聚会气氛逐渐转向沉闷和压抑，其他亲友也纷纷感到不知如何继续这个话题。虽然健康话题具有一定的关怀性，但在并非专门探讨这一主题的场合，消极的话题往往会影响整体的气氛，尤其是当场合的主要目的在于放松和社交时。

这个现象与心理学中的"情绪传染效应"有关。情绪传染指的是人们在社交中，往往会不自觉地受到他人情绪的影响。如果一方表现出负面情绪，其他人可能也会产生类似的情绪反应。因此，在一般的社交场合，选择一些积极正面的话题，能够让对话双方处于更为轻松愉快的氛围中。

避免敏感和争议并不意味着社交话题必须局限在表面化的闲聊中。实际上，有许多兼具趣味性和深度的话题，可以在不触碰敏感点的前提下推动对话。想要自然地进行话题选择，可以从以下几个方面入手。

（三）了解对方的背景和兴趣

在选择话题时，尽量了解对方的背景、职业和兴趣爱好。根据对方的兴趣选择话题，可以让对话更加顺畅和有趣。例如，如果对方是科技爱好者，可以聊聊最新的科技趋势或新产品。

（四）从当前环境出发

利用周围的环境和场合作为话题切入点，可以帮助自然地展开对话。例如，在一个婚礼上，可以谈论新人的故事或婚礼的细节；在一个会议中，可以讨论会议主题或与会者的观点。这种方法能让对话更具相关性和即时性。

（五）关注时事和热点话题

选择一些当前热门或大家普遍关注的话题，能够引起对方的兴趣并激发讨论。例如，最近的体育赛事、娱乐新闻或社会事件等。这类话题通常容易引起共鸣，让双方更容易找到共同的立场。

（六）使用幽默和轻松的话题

轻松幽默的话题有助于打破僵局，营造愉快的交流氛围。分享一些轻松的故事、趣闻或幽默的见解，能够让对话更轻松自如，也让对方感到愉快。例如，可以聊聊最近看过的搞笑电影或有趣的生活经历。

（七）灵活应变，根据对方反应调整话题

在对话过程中，注意对方的反应。如果对方对某个话题表现出热情和兴趣，可以进一步深入讨论；如果对方显得冷淡或不感兴趣，及时调整话题，寻找其他更能引起对方共鸣的内容。灵活应变是保持对话流畅的关键。

二、听众意识：避免自我中心

"听众意识"源自社会心理学中的"社交公平感"理论，强调在社交互动中双方应感受到彼此的关注和尊重。如果一个人在社交中不断强调自己而忽略了对方的感受，会导致互动失衡，使对方感到被冷落或轻视。

心理学家亚当斯提出的"公平理论"表明，人在社交中倾向于追求一种平衡的状态，即每个人都希望得到与其付出相称的回报。如果社交中一方不断主导话题，另一方则会逐渐感到不满，认为这种互动"不公平"，进而产生抵触情绪。

小李是一名刚入职的销售员，在一次公司年会中，他为了给领导留下深刻印象，滔滔不绝地讲述自己过去在大学期间的各种成就。然而，当他注意到在场的同事和领导逐渐失去兴趣，甚至有人开始查看手机时，他才意识到自己的表现并不如预期。

在这个案例中，小李的失误在于，他过于专注于自我表现，而忽视了与听众之间的互动。领导和同事们更希望听到他对公司业务的看法或者团队合作的经历，而不是单方面的"自我吹嘘"。这种以自我为中心的行为导致他在社交场合中丧失了与他人建立良好关系的机会。

在社交中，过度的自我表现往往适得其反，因为它削弱了与听众之间的联系，无法满足他们的社交需求。关于如何培养听众意识，避免过于自我中心导致的社交恶果，我有以下几个小建议。

（一）练习主动倾听

社交中的"倾听"并不仅仅是安静地等待对方说完，而是主动地关注对方的言语、情感和需求。在实际操作中，可以通过重复对方的观点或提出相关问题来证明你在认真听。

（二）关注非语言信号

通过观察对方的表情、肢体动作和眼神，你可以判断对方是否对当前话题感兴趣，是否有意继续对话。例如，当你发现对方频繁查看手机或目光游离时，可能是时候调整话题或将话语权交给对方。

（三）学会分享话语权

社交是一种互动行为，而非个人表演。避免自我中心的一个有效方法是学会在适当的时刻分享话语权。你可以在表达个人观点后，主动邀请对方发表看法，这样不仅能够促进对话的深度，还能让对方感受到你对其意见的尊重。

在社交中拥有"听众意识"，即良好的倾听能力，能够显著提升人际关系的质量和深度。这是建立信任感的重要一步，能够让对方感受到被重视，从而增强沟通效果。

三、非语言交流：避免不适当的肢体语言

肢体语言是人们表达情感、态度和意图的重要方式，但如果运用不当，肢体语言也可能导致误解甚至引发尴尬。对于那些希望掌控社交场合节奏的人来说，了解并避免不适当的肢体语言是至关重要的。

许多人可能没有意识到，一个简单的动作、眼神或者姿势都可能在不经意间传递出负面的信息。例如，在某些正式场合，随意打量他人或以倦怠的姿势坐着可能被视为不尊重对方的表现。

小王是一位刚进入职场的年轻人。在一次公司内部的商务会议中，他因过度紧张而表现出不自觉的肢体动作。会议中，领导正在讲解一个重要项目，而小王因为焦虑，不停地抖动着双腿，并且时不时地挠头。这一行为引起了领导的注意，领导误认为小王对会议内容不感兴趣，甚至认为他缺乏对工作的投入和尊重。会后，领导私下与小王进行了沟通，

表示了对他行为的失望。

小王的案例反映了一个常见的职场现象——肢体语言的误读。在公开场合，尤其是涉及领导或上级的场合，肢体语言会直接影响到他人对你态度的理解。在这个案例中，小王的肢体动作虽然无意，但却给了领导负面的印象。

要避免肢体语言引发的误解，首先需要了解不同动作所可能传递的含义，进而运用正确的肢体语言进行交流。

（一）避免小动作

小动作，如抖腿、频繁摸脸、挠头等，常常会给人一种焦虑、不自信甚至不尊重的感觉。在社交场合中，尽量保持身体的稳定，不要让多余的小动作干扰他人。可以通过深呼吸等方式缓解紧张情绪，避免这些无意识的动作。

（二）保持适当的目光接触

目光接触是肢体语言中最强有力的部分之一。适度的目光接触，既能显示你对对话的关注，又不会让人感到压力。

（三）注意身体姿态

良好的姿态不仅反映了一个人的自信，也传递了对他人的尊重。弯腰驼背或过于放松的姿势容易让人觉得你对场合不够重视。保持端正的坐姿和站姿，既能展现专业性，也有助于营造积极的第一印象。

（四）避免侵入他人空间

与人交谈时，保持适当的距离，避免过于靠近对方，尤其是在与陌生人或长辈沟通时。过度靠近可能会让对方感到不适甚至威胁，而保持一定的空间感则能增强交流的舒适度和亲和力。

在社交中，肢体语言常常在不经意间影响了他人对你的看法。通过避免不适当的肢体语言，你不仅能更好地控制社交场合的节奏，还能提升他人对你的印象。无论是在职场中与上级交流，还是在日常生活中与朋友互动，掌握得体的肢体语言是每个"社交高手"必须具备的基本素养。毕竟，沟通不仅仅在于说了什么，更在于如何通过行为表达。

05
PART

如何扩展你的社交圈

第一节 主动出击：如何有效地结识新朋友

在扩展社交圈的过程中，主动出击是至关重要的一步。许多人在面对陌生的社交场合时，往往会感到紧张与不安，但这并不意味着你必须被动等待机会的降临。相反，采取主动的态度，可以帮助你更有效地结识新朋友，拓宽自己的社交网络。

一、确定目标和场合

在进行任何社交活动前，首先需要明确你的目标：为什么要认识新朋友？是为了扩大职业人脉、寻找志同道合的朋友，还是为了进入一个新的圈子？明确的目标不仅能帮助你筛选出适合的人群，还能让你在接触新朋友时，保持专注和目的性。

一个常见的误区是，很多人在社交场合中抱着"广撒网"的心态，觉得认识的人越多越好，但实际上这往往会造成社交资源的浪费。相反，有针对性的社交可以让你更高效地达到预期目标。

李先生是一名设计师，他希望在行业中建立更多人脉，以获取更多的项目机会。如果他只是参加一些泛泛的社交聚会，可能收获甚微。然而，当他明确了自己的目标后，决定参加专门的设计师论坛和行业峰会，在这些活动中，他不仅能遇到潜在的合作伙伴，还能与同领域的专业人士建立联系，为他的职业发展奠定了坚实基础。

目标的明确不只是对个人的要求，还体现在与他人交流时的自我展示上。一个人清楚知道自己想要什么时，谈话内容和态度都会更加明确和自信，对方也更容易感受到你的诚意，愿意与你深入交谈，甚至进一步合作。

在确定了目标后，接下来就是选择合适的场合。不同的场合适合不同的社交需求，例如，寻找行业人脉适合专业展会和论坛；扩展兴趣爱好圈则可以参加俱乐部和社团活动等。

选择合适的场合，不仅能提高社交的针对性，还能避免一些常见的尴尬和低效社交。在这些特定的场合中，大家都有着共同的兴趣或目标，话题自然会围绕这些内容展开，避免了无话可说的尴尬。

在深圳的某次创业论坛上，李小姐作为一个初创企业的负责人，认识了一位投资人，并与对方在谈话中发现了共同的市场需求。由于场合和目标的契合，李小姐和这位投资人很快就建立了合作关系，而这种机会在一个普通的社交聚会上，几乎是难以遇到的。

除了场合的选择，时机也是一个至关重要的因素。很多人在社交中感到挫败，往往是因为选择了错误的时机进行社交。例如，一些人选择在对方忙碌或疲惫时强行加入谈话，结果往往适得其反。了解对方的状态、掌握合适的切入点，能够让社交更自然和顺畅。

王先生在一家广告公司工作，他的一位潜在客户正在参加某次行业展会。王先生并没有急于在展会期间去打扰对方，而是在活动的晚宴中，利用轻松的氛围进行寒暄，并适时提出了自己的合作建议。这种"选对时机"的社交方式，让王先生与对方建立了良好的第一印象，并为后续的商务合作打下了基础。

"确定目标和场合"是成功社交的第一步。明确你的社交目标，选择合适的场合，在合适的时机发起社交，能够极大提高你的社交效率。

二、跳出舒适区

跳出舒适区意味着我们需要主动改变惯常的社交方式，去尝试新的、可能带有不确定性的人际交往形式。对于许多内向性格的人来说，跳出舒适区尤其困难，但也是扩展社交圈、建立新关系的重要一步。

根据心理学中的"舒适区理论"，人们的行为通常受到自己习惯模式的影响。在这个"舒适区"内，个体感到安全和受控，但往往缺少成长的机会。要结识新朋友，必须突破这一框架，进入"学习区"，在这个区域里，虽然会面临挑战和压力，但也伴随着新的机会和成长。

张先生是一位典型的内向性格者，尽管工作中，他的表现一直很出色，但他在公司的人际交往方面遇到了瓶颈。他习惯于和熟悉的同事互动，参加团队会议时也是尽量避免过多发言。这导致他在职场社交中常常感到孤立，尤其是在涉及跨部门合作时，他常常感觉自己被边缘化。

一天，公司组织了一次跨部门的业务交流活动，张先生意识到这是一个拓展自己职场社交圈的机会，但他依然感到紧张。为了不让自己继续被困在舒适区内，张先生作了几个重要的决定。首先，他强迫自己积极参与活动，并在交流过程中主动与陌生的同事打招呼。虽然一开始他并不习惯这种互动，但他很快发现，很多同事也乐于结识他这个平时不怎么多言的同事。

通过这次跳出舒适区的尝试，张先生不仅结识了几个新朋友，还因此被推荐参与一个重要的跨部门项目，进一步提升了他的职场地位和影响力。

张先生的例子表明，跳出舒适区并不是一蹴而就的，它需要一些策略性的步骤。具体步骤如下。

（一）意识到自己的局限

许多人在社交中感到困扰，是因为他们没有意识到自己已经被"舒适区"束缚住了。像张先生一样，许多内向型的人在社交中往往倾向于与熟悉的圈子互动，而忽视了拓展新关系的机会。因此，第一步是要认识到自己当前的社交模式可能并不足以满足未来的需求。

（二）设定小目标

跳出舒适区不一定要从极端的改变开始。相反，我们可以从小处入手，例如在每次社交活动中主动与一个陌生人对话，或是在团队会议上多表达自己的观点。这些小目标不仅让你逐步适应新的环境，同时也能让你逐步建立自信心。

（三）寻找支持系统

在尝试跳出舒适区时，拥有一个支持系统非常重要。比如，张先生的一个同事在这次跨部门活动中对他提供了帮助，帮助他更好地融入社交场合。你可以寻找类似的伙伴，他们可以在你尝试新社交模式时给予鼓励和支持。

（四）适应不确定性

离开舒适区的过程不可避免地会伴随着一定的焦虑和不适感，但这正是成长的标志。心理学家指出，在"学习区"中，个体需要面对一定程度的不确定性和挑战。学会适应这些不确定性，将会为你带来更多的成长空间和社交机会。

心理学家曾提出，舒适区是一个我们已经熟悉的行为模式，在这个区域中，我们可以保持高效的工作或生活状态，但并没有太多挑战。而要获得成长，必须离开这个区域，进入学习区甚至是"恐慌区"。内向型性格的人往往更难跳出舒适区，因为他们的社交动机更多来源于深度交往，而非表面的互动。然而，正是这种对深度交流的渴望，使得内向型人在突破舒适区后，能够更加专注于建立高质量的社交关系。

三、持续跟进与维护关系

在扩展社交圈的过程中，认识新朋友只是第一步，而关系的维护与跟进才是决定你能否将浅层次的交际发展为深度联系的关键。特别是在如今快速变迁的社会中，人际关系的稳固需要更多地主动经营。

当你与新朋友初次见面后，保持联系的方式显得尤为重要。很多人往往在初次见面后便将这段关系束之高阁，等待对方主动联系。然而，主动性是社交中不可或缺的一环，特别是在拓展社交圈时，主动跟进并定期维护关系，是让关系更上一层楼的必经之路。

首先，及时的后续联系至关重要。在初次见面后的 24 至 48 小时内发送一条感谢信息，不仅可以加深对方对你的印象，还能够为后续交流奠定基础。你可以简单提及你们之前谈到的某个话题，或分享一篇相关的文章，这样的方式会显得自然且不突兀。更进一步，可以通过定期的问候或邀请参加活动，逐渐加深彼此的联系。例如，可以在节假日或者生日时给对方送上诚挚的祝福，这种小举动能让对方感受到你对这段关系的重视。

其次，保持互动频率的稳定性也是维系关系的重要因素。过于频繁的打扰可能会给对方带来压力，而太久没有联系则容易让对方渐渐淡忘你。因此，适当把握沟通频率，例如每隔一两个月发一条问候信息，或者在对方的朋友圈动态中点赞与评论，能够有效地维系关系的热度。

张明（化名）在公司外派的一个项目中结识了行业内的一位知名工程师李先生，初次交流后，两人对彼此的专业领域产生了浓厚的兴趣，但由于各自忙碌，联系并不频繁。为了不让这段潜在的宝贵人脉断裂，张明在项目结束后的一个周末，主动给李先生发了一条感谢信息，提及他们之前关于技术创新的讨论，并分享了自己的一些见解。

李先生对此感到十分欣赏，不仅回复了张明的消息，还在后来主动向张明推荐了一些行业资源。张明也时不时地在李先生的朋友圈点赞，并在一些行业会议上主动寻求见面机会。半年后，张明需要解决一个技术难题，于是他联系了李先生，后者欣然提供了帮助。通过持续跟进，张明不仅巩固了这段关系，还在关键时刻得到了宝贵的支持。

这个案例展示了持续跟进的重要性。在职业社交中，短暂的接触往往无法迅速建立深厚的信任，而通过后续的主动联系与关系维护，张明不仅保持了与李先生的联系，还利用这段关系为自己的工作带来了实质性帮助。

从心理学的"投资－回报"理论来看，人际关系中的每一方都在不断评估自己在关系中所投入的时间、精力与资源是否能够获得相应的回报。在这种情况下，持续的联系和互动便是对关系的一种"投资"。通过定期的问候、分享有价值的信息、以及在关键时刻的相互支持，双方都能够感受到对方的诚意与重视，从而增强彼此的关系黏性。

在职场中，当你主动向同事或客户提供帮助、分享经验或资源时，你实际上是在为这段关系做出"投资"。这种投资不仅仅是物质上的，更重要的是情感与信任的投入。随着时间的推移，对方也会意识到这段关系的重要性，并在适当的时机回报你，形成一种良性的互动循环。

持续的跟进与关系维护是扩展社交圈中不可或缺的一部分，能够让你与新朋友之间的关系不断深化，进而为你的职业与个人生活带来更多机遇与回报。

第二节 网络人脉的延伸与维护

与传统的人际交往相比，网络社交为我们提供了更广阔的舞台，能够打破地理限制，让不同背景的人聚集在一起。因此，学会有效地利用这些在线平台，不仅可以拓宽人脉，还能为未来的职业机会铺路。

一、选择合适的平台

对于"i人"来说，在线平台提供了一个更加舒适且灵活的方式来进行社交，无须面对面交谈的紧张感，能够以文字或图片形式更从容地表达自己。

但是，网络社交平台种类繁多，每个平台的受众和功能也有所不同，面对纷繁复杂的选择，怎么找到适合自己的平台也是一个问题。

（一）确定目标：你想与谁建立联系

不同的社交平台有着不同的用户群体和社交文化。例如，微信是日常生活中最常用的社交应用之一，几乎每个人都会使用它进行日常交流和商务沟通。然而，微信更倾向于熟人之间的社交，扩展陌生人脉相对较为困难。与此相对，领英则是专注于职场社交的平台，更适合希望拓展职场关系的人士。如果你的目标是结识同行、潜在客户或合作伙伴，那么领英是一个不错的选择。

（二）考虑互动方式：你更适合怎样的社交形式

根据 MBTI 性格理论，内向型人更倾向于通过深度思考和文字来表达自我，而不是通过快速的即时对话。公众号或者小红书这种平台为用户提供了展示自我知识、观点的机会，允许他们花时间整理思路，这种社交模式与内向性格的用户更为契合。

张小姐是一位内向的自由撰稿人，平时不太擅长通过口头表达与他人建立联系。她发现公众号是一个很好的平台，能让她通过分享个人文章和观点来与人互动。起初，她只是随意发布一些关于写作技巧的见解，慢慢地，她的内容引发了广泛讨论，并得到了不少读者的关注。随着关注者的增多，她逐渐建立起了自己的专业社交圈，获得了许多写作机会，甚至结识了一些编辑和出版人。

张小姐的成功再次证明，选择合适的平台并不是盲目跟随流行趋势，而是找到最能发挥自己优势的互动方式。她通过公众号这个以文字为主的平台，找到了展示自己才华的渠道，成功地扩展了自己的职业人脉。

（三）平台的专业性与信任感

在选择网络社交平台时，平台的专业性和信任感也是非常重要的考量因素。像豆瓣这样的社区，更适合喜欢讨论文化、艺术或书籍的人群。而在技术专业领域，选择一个具有较高可信度的平台，不仅能帮助你提升自己的专业形象，还能为你的人脉提供更多的信任基础。

陈先生是一位年轻的企业家，他希望通过社交媒体平台推广自己的品牌。起初，他尝试了多个平台，但效果均不佳。后来，他选择在知乎上发布一些关于创业经验和行业见解的文章，逐渐建立起了自己的专业形象。知乎的用户群体以知识分享为主，讨论的内容也更为严肃和专业，陈先生通过这种方式成功地赢得了大量潜在客户的信任。

知乎的专业性和信任感为陈先生带来了更多高质量的连接，而不是浅层次的互动。这也是在扩展网络人脉时，选择一个专业性强且可信的平台的优势所在。

在选择网络社交平台时，首先要明确你的社交目标，分析不同平台的用户群体和互动方式，以确保平台的特性与自己的需求和性格相匹配。通过选择合适的平台，你不仅可以更轻松地扩展网络人脉，还能在合适的环境中展示自己的优势，建立起深厚而有价值的社交连接。

二、主动参与互动

主动参与互动，顾名思义，就是在网络社交中积极参与讨论、分享见解，并与他人建立双向互动。不同于被动地观看或偶尔点赞，主动参与意味着你要为他人的内容提供价值，同时通过自己的分享或提问激发对方的回应。

社交资本指的是个体通过社交网络获得的资源和影响力。网络人脉的建设不只是为了增加"好友"或"粉丝"数量，更重要的是通过互动积累社交资本。当你为他人提供帮助、信息或情感支持时，你在他们的社交网络中积累了信誉和影响力，这就是你的社交资本。

王女士是一名来自北京的初创企业家，早期她的企业面临客户来源不足的困境。为了扩展业务，她决定通过网络寻找潜在客户并与同行交流。起初，她只是被动地加入了几个专业微信群，偶尔查看群内的信息，但这种方式没有带来实际的效果。

后来，她决定改变策略，主动参与微信群和社交媒体平台的互动。每当有人讨论与她行业相关的议题时，王女士都会积极分享她的见解，并提出一些有建设性的问题，鼓励讨论。她还通过私信与感兴趣的客户或同行交流，提供帮助或免费咨询。渐渐地，王女士在这些社群中建立了声誉，越来越多的人开始主动联系她寻求合作或建议。

通过这种方式，王女士不仅扩大了客户群体，还结识了许多行业专家和潜在合作伙伴。她的主动参与为她积累了社交资本，而这些资本最终转化为业务机会和资源。

从王女士的案例中可以看出，主动参与互动不仅可以提升你的专业形象，还能加深你在他人心中的印象。网络社群中往往存在信息过载的现象，只有积极参与并提供有价值的内容，才能在众多信息中脱颖而出。王女士通过持续互动，逐渐从一个默默无闻的群成员，变成了圈内的活跃人物，这为她积累了宝贵的人脉资源。

主动参与的另一个好处在于，它为长期关系的维护打下了基础。而如何像王女士一样在网络中主动参与互动成功，有以下小秘诀。

（一）定期参与讨论

主动寻找与你行业或兴趣相关的讨论话题，定期参与并分享你的见解。

（二）提出有价值的问题

不要只是发表自己的观点，尝试提出一些有启发性的问题，激发他人的思考和讨论。

（三）提供帮助和建议

通过分享你的经验或提供建议，帮助他人解决问题。

（四）私下互动

在群体互动的基础上，不妨通过私信或直接联系加深与你感兴趣的人的交流。

（五）保持礼貌和尊重

在互动中，始终保持礼貌和尊重，避免无意义的争论或攻击性言论。

主动参与互动是网络社交中不可或缺的一环。通过积极参与讨论、提出有价值的问题并提供帮助，你可以有效提升自己的社交资本，扩大人脉圈层。正如王女士的创业经历证明了这一点：只有主动行动，才能在网络中真正建立并维护有效的社交关系。在未来的社交中，保持积极、持续的互动，你的人脉圈将变得更加广阔和坚固。

三、利用网络工具

随着社交平台和线上工具的普及，网络社交逐渐成为一种主流方式。通过网络工具，个体可以突破时间和地域的限制，迅速建立和维护广泛的人脉圈。而如何高效地利用这些工具，成为延伸和维护网络人脉的关键。

（一）如何在网络社交中建立信任

虽然网络工具可以快速搭建人脉，但要想在虚拟世界中真正维系长久的关系，信任是关键。社交心理学表明，信任是社交关系中最为重要的基石。建立信任的首要条件是诚实与透明。在网络交流中，频繁的互动和真实的表达是建立信任的核心。

（二）内容分享与个人品牌打造

利用网络工具进行社交，不仅是搭建人脉的过程，也是建立个人品牌的机会。许多人通过内容分享展示自己的专业能力和独特视角，吸引更多志同道合的人。无论是在微信朋友圈发布专业文章，还是在知乎上回答问题，这些行为都能帮助个体在特定的领域中树立形象，扩大影响力。

（三）适时主动联络与维系关系

在网络社交中，初次的连接只是起点，维系关系才是关键。心理学中的"人际交往定律"指出，频繁且有意义的互动有助于加深彼此之间的关系。网络工具为这种持续互动提供了极大的便利。通过微信定期发送问候信息、点赞朋友圈动态，都是维系网络人脉的重要方式。

（四）利用网络工具进行高效信息管理

随着网络社交圈的不断扩大，管理信息的能力变得尤为重要。善于利用工具进行信息分类和管理，可以极大提升社交效率。比如，微信的标签功能可以帮助用户将联系人分类管理，以便针对不同的群体发送个性化的消息。而 LinkedIn（领英）上的名片功能也能帮助用户追踪联系人信息和互动记录，这些功能为个体在复杂的网络社交中提供了极大的便利。

第三节　深入社交圈层：加入社群与圈子

在当今社会，社交圈的拓展不仅依赖于个人的主动性，更需要积极参与到各类社群与圈子中去。这些社群不仅提供了一个与志同道合的人交流的平台，还能激发新的想法，创造合作机会。

一、识别适合的社群并积极参加

在当今信息化社会，社交圈层的扩展已成为许多人提升个人生活质量和职业发展的关键途径。加入适合的社群和圈子，不仅能够为你打开新的社交大门，还能帮助你获取更多有价值的资源和信息。然而，识别合适的社群并积极参与其中是进入社交圈层的首要步骤，也是整个社交链条的基础环节。

要有效地扩展你的社交圈，首先需要明白，加入社群的目的不单是结识新朋友，而是要通过与志同道合的人建立长久的联系，实现自我价值的提升。因此，选择适合你的社群尤为重要。

（一）明确个人目标和需求

首先，在识别适合的社群之前，你必须对自己的需求有清晰的认知。你希望通过社群获取什么？是为了拓展人脉？增加职业机会？还是为了提升某项技能？例如，如果你是一个创业者，可能你希望加入的是与创业相关的圈子，以便从中获取市场洞察、投资机会，或者结识潜在的合作伙伴。而如果你是一个兴趣广泛的社交爱好者，艺术、文化或旅游相关的社群可能更能让你找到共鸣。

（二）寻找适合的社群渠道

"社会交换"理论强调，在社群中的互动是一种双向的价值交换。你为社群贡献了知识、经验或帮助，才能从中获得相应的资源和支持。因此，参与社群时，不仅要被动接受信息，更要主动分享和贡献，以此建立深度的社交联系。

以"中国计算机学会"为例，这是一个覆盖全国范围的科技学术社群，每年举办多个学术会议和科技展览，吸引了大量的科技从业者参与。如果你是一名技术人员或学者，加入这样的社群能帮助你及时了解行业前沿技术，甚至结识到业内知名专家和技术领袖。

此外，线上平台如豆瓣、知乎等，也提供了丰富的社群资源。这些平台上有很多兴趣小组、职业讨论区，参与者可以通过在线交流，分享彼此的经验和心得。例如，知乎上有许多关于职业发展的讨论组，参与其中可以帮助职场新人快速提升职业认知。

然而，加入社群只是第一步，真正获得价值还需要持续地、积极地参与。你可以从以下几个方面入手。

（一）保持活跃

定期参与讨论，展示你的专业知识和观点，让别人对你有印象。

（二）提供帮助

当其他成员提出问题时，尽可能提供建设性的建议或解决方案，这样能树立你的信誉和形象。

（三）拓展深度联系

通过私下交流，深入了解一些与你有共同兴趣或需求的成员，建立一对一的深度联系。

扩展社交圈并非一蹴而就，而是一个长期积累的过程。通过识别适合的社群并积极参与，你不仅能快速融入新圈子，还能通过社群中的互动和贡献，获得职业上的成长与资源的积累。

二、提供价值与帮助

在当今社会，社交网络不仅是建立人际关系的工具，更是实现个人价值和提升影响力的重要平台。然而，仅仅参与社交活动是不够的，只有主动提供价值和帮助才能真正加深与他人的关系。

（一）认识价值提供的重要性

在社群中，价值的提供不仅能使你在人际交往中脱颖而出，还能提升自己的影响力。提供价值的过程不仅仅是单向的付出，更是双向的互动。通过帮助他人，我们可以获得信任与尊重，这为建立更深层次的关系打下基础。

（二）分享知识与经验的实践

一位名叫张华的营养师在社交平台上定期分享自己在健康饮食方面的专业知识，包括营养搭配、食谱推荐和健康小贴士。后期通过开设线上直播课程，吸引了许多对健康感兴趣的用户。他不仅通过生动的案例分享，帮助大家认识到饮食与健康的关系，还提供了科学的饮食建议。

通过这些努力，张华不仅成功建立了自己的专业形象，还逐渐形成了自己的粉丝群体。这些粉丝不仅对他的建议表示赞同，更主动传播他的内容，为他带来了更多的关注者与潜在客户。由此可见，分享知识和经验不仅能够帮助他人，还能够为自己创造机会。

（三）实用资源的分享

在社群中，除了分享知识和经验，提供实用资源也是一种有效的价值体现。比如，一位互联网从业者在自己的专业领域内，主动分享了一些免费的线上课程和工具网站，这样的行为不仅丰富了社群成员的学习资源，更提升了他在群体中的影响力。通过这种方式，成员们不仅能获得所需的知识与技能，同时也能感受到社群的温暖与互助。

（四）建立良好的互助关系

通过提供价值和帮助，社群成员之间可以建立良好的互助关系。在这种关系中，大家愿意互相帮助、分享资源，形成良好的互动循环。当你主动为他人提供帮助时，通常会收到同样的反馈。这种互助关系不仅使社群更加和谐，还能在潜移默化中提升所有成员的整体素质。

（五）持续参与与贡献

价值的提供不是一次性的行为，而是一个持续的过程。只有在不断地参与和贡献中，个人才能真正建立起深厚的关系网。这种关系网不仅能在短期内带来利益，更能在长期中为个人的职业发展打下坚实的基础。持续参与社群活动、保持对他人价值的关注，都是提升个人影响力的重要策略。

总结来说，主动提供价值与帮助在社群中扮演着至关重要的角色。

通过分享知识、经验和资源，不仅能提升自己的影响力，还能促进社群成员之间的紧密联系。这种互助和分享的文化，不仅为个人发展创造了良好的条件，也为整个社群的活跃和发展注入了新活力。通过这种方式，"i 人"们可以更好地融入社交圈，实现自我价值的提升。

三、线上与线下结合

在现代社交环境中，线上与线下的社交形式早已密不可分，这种结合不仅成为趋势，更是每个人在拓展人际关系中不可忽视的关键策略。线上平台为人们提供了广阔的社交空间，而线下活动则进一步巩固了这种虚拟关系的真实价值。

（一）线上社交：建立初步联系的桥梁

线上社交以其便利性和广泛性成为了许多人迈出社交第一步的方式。微信、微博、豆瓣等社交媒体平台，为个人和群体提供了便捷的沟通工具，突破了时间和地域的限制。

小王是一位在杭州工作的年轻设计师。工作繁忙的他很少有时间参加线下社交活动，但通过设计师社区的网站和微信群，小王不仅结识了很多业内朋友，还获得了许多职业机会。这些线上交流让小王逐渐融入了设计师圈层，不仅可以随时随地分享经验，还能获得更多专业知识和机会。

然而，线上社交也有其局限性。尽管它能帮助人们快速建立联系，但由于缺乏面对面的交流，彼此之间的信任和亲密感难以快速形成。因此，仅仅依赖线上沟通是不够的，如何将线上关系转化为真实的线下互动，是扩展社交圈层中至关重要的一步。

（二）线下社交：深化关系的核心

与线上社交的便捷性相比，线下社交提供了更真实、更具情感互动的机会。当人与人面对面交流时，肢体语言、表情、语气等非语言因素往往起到重要作用。这些元素能够更直观地传递信息，增强彼此的理解与信任感。

通过参加线下活动，如职业聚会、行业论坛、兴趣沙龙等，个体不仅能巩固原有的线上关系，还能进一步扩展自己的社交圈层。

还是以小王为例，经过一段时间的线上互动后，他受邀参加杭州的一场设计师线下聚会。在这场聚会上，他见到了许多之前在线上互动过的同行。通过面对面的交流，小王不仅加深了与这些朋友的关系，还得到了许多实质性的合作机会。这个线下聚会成为了他社交圈层的一次重要突破，也为他带来了更多职业上的提升。

线上与线下结合的过程，不仅是建立联系的过程，更是信任的逐步累积过程。人际交往的核心是交换，通过信息、情感、资源的交换来不断深化关系。线下的见面交流，恰恰为这种交换提供了更真实的环境，有助于让线上建立的关系得以巩固和深化。

（三）线上与线下结合的成功模式

线上与线下结合的社交模式在中国已经取得了诸多成功的案例。比如豆瓣的各类兴趣小组和线下活动，许多在豆瓣小组中活跃的用户，会自发组织线下活动，如书友会、电影沙龙等。通过这些线下活动，原本仅在线上认识的朋友们，能够进一步加深关系，甚至形成长期的合作或友情。

通过这种线上与线下结合的方式，人们可以更轻松地从一个初步的联系发展为深度的社交网络。而这种模式也逐渐成为现代社交的趋势之一，尤其是在现代高度数字化的社会环境中，线上与线下的结合为人们的社交生活注入了新的活力。

对于希望扩展自己社交圈的人来说，线上与线下的结合是一个非常有效的策略。首先，个体可以通过线上平台初步了解彼此的背景和兴趣，建立起基本的联系。然后，利用线下活动的机会，将这种联系进一步深化。在实际操作中，可以遵循以下几点。

1. 筛选合适的线上平台。根据自身的兴趣和需求，选择适合的平台，比如微信、微博、专业论坛等，主动参与互动，建立初步关系。

2. 利用线下机会。在线上互动后，寻找合适的线下见面机会，比如参加行业聚会、兴趣小组的活动等。面对面的交流有助于增进感情。

3. 保持线上联系。线下见面后，及时回到线上进行跟进，保持长期的互动和沟通。这种"线上 – 线下 – 线上"的循环模式，可以有效维系和拓展社交关系。

总之，线上与线下结合的社交模式，为当代人提供了一种灵活、有效的方式来扩展社交圈。通过合理利用线上平台的广泛性与线下活动的亲密性，个人可以逐步建立起一个多层次、多维度的社交网络，为自己未来的发展创造更多机会。

06
PART

从社交到深度连接

第一节　如何将普通朋友转化为深度联系

　　"i人"们往往在表面交往中显得自如，但在深入沟通方面却显得力不从心。然而，建立深度联系并非遥不可及，通过一些有效的策略和实践，你也可以将普通朋友转化为深度联系的伙伴。

一、主动关心：细节中的温暖

　　在社交的漫长旅途中，人与人之间的关系往往从普通的点头之交开始。然而，如何将这些浅层的社交关系转化为真正的深度连接，是许多人在交际中面临的难题。在此过程中，主动关心与关注细节起到了至关重要的作用。细节中的温暖不仅是建立深度联系的基石，更是社交中最具力量的武器。

　　所谓"细节中的温暖"，就是在与人交往中，关注对方的需求、情绪和生活中的小事，给人以实际的关怀和支持。主动关心的核心并不在于表面上的礼节性问候，而是通过观察和感知，将对方的细微变化记在心里，适时地给予关怀。这不仅能让对方感受到你对关系的重视，更能大大增强你们之间的情感纽带。

　　李明（化名）是一名在北京工作的销售经理，因工作性质他需要与很多客户保持良好的关系。起初，他与一位客户王总的关系仅限于工作上的业务往来，双方交流较为公式化，基本仅限于必要的电话沟通和偶尔的工作见面。某次，李明在一次聚会上得知王总的女儿即将参加高考，他便特意记住了这一点。几个月后，在高考结束当天，李明特意发了一条短信祝福王总的女儿考试顺利。这样的细节虽小，却让王总感到十分温暖。之后，两人的关系逐渐升温，甚至在工作以外的生活中也开始有更多的互动，最终建立了非常深厚的私人关系。这种从普通业务往来发展为深厚友谊的过程，正是源于李明对细节的关注和主动的关心。

在人际交往中，主动关心他人，通过细微的行为给予对方温暖，实际上是在无形中为对方增加了情感上的"收益"，从而让对方更加愿意继续维持这段关系。相比那些只注重业务或者形式上的寒暄的人，懂得在细节中给予温暖的人更容易赢得他人的信任与好感。

那么，在实际操作中，如何才能做到有效地主动关心呢？以下是一些切实可行的技巧。

（一）关注对方的生活变化

无论是工作中的同事还是日常生活中的朋友，生活中总会有一些特别的日子或事件，如生日、重要的考试、家人健康等。对于这些细节的适时关注与问候，往往能打破人与人之间的情感屏障，让对方感受到你的用心。

（二）适时提供实际的帮助

关心不仅仅停留在言语上，有时行动上的支持更能传达出你的真诚。例如，当你注意到朋友或同事在工作中面临压力时，主动提供一些帮助或建议，可以让对方感受到你对他们的关心。

（三）在日常交流中表现出对细节的重视

在与他人交谈时，注意对方言语中的细节。例如，对方无意中提到的一个小愿望，或某个家庭成员的近况，下一次见面时进行适当的跟进。这种细节上的延续不仅能让对方感到被重视，也为你们的关系注入更多的情感交流。

（四）用心准备礼物或惊喜

每个人都喜欢收到礼物，尤其是那些符合自己兴趣或需求的礼物。送出礼物时，不在于其价值的高低，而在于礼物背后所包含的心意。例如，朋友提到他最近对某种茶感兴趣，下一次见面时送上一包他喜欢的茶叶，就能让他感受到你的用心。

小张和他的一位老同学阿伟毕业后多年未见，虽然通过社交媒体保持联系，但实际上双方已经很久没有真正交流。某天，小张偶然得知阿伟家中老人去世的消息。虽然小张与阿伟不常来往，但他决定前去参加追悼会，并在事后几天发消息问候阿伟。这一关怀深深打动了阿伟，随后两人逐渐恢复了联系，甚至成为了事业上的合作伙伴。

这个案例很好地说明了在朋友之间，细节上的关心如何能够重新点燃一段关系，并最终转化为更深的联系。

主动关心不仅仅是为了维持现有的关系，更是一种积极的人际交往策略，能够为未来的发展铺路。它不仅能让你在人际关系中获得更多的信任与支持，也能帮助你在关键时刻得到他人的回报。

二、设定共同目标：合作的力量

在人际交往中，共同目标不仅可以带动双方的行动，更能让彼此的关系在实际合作的过程中不断升华。通过合作实现目标，彼此的信任感和依赖感会自然增加，从而推动友谊从表面层次迈向深度连接。

心理学家罗宾·邓巴提出了"邓巴数理论"，即人类的大脑可以有效维持的社交圈人数为150人左右。在这些人际关系中，只有极少数人可以从普通朋友上升为"深度联系"，这些深度联系往往是通过共享经验、共同行动和共同目标建立的。设定共同目标激活了人类社交的基本需求——归属感和合作意识。通过一起努力达到一个明确的目标，不仅会让人们更加了解彼此的能力和性格，还会让双方的关系在实际的合作成果中得到巩固。

王先生是一家初创企业的创始人，他与张先生在一次行业论坛中相识，两人当时仅仅是交换了名片并互加了微信好友。最初，他们的互动仅限于偶尔的朋友圈点赞或不定期的社交活动。这样的关系在大多数情况下，可能会随着时间的推移而淡化，甚至完全失联。

然而，事情在王先生的公司准备拓展市场时发生了转变。王先生知道张先生在市场运营方面有丰富的经验，便向张先生请教相关问题。张先生欣然应允，不仅提供了宝贵的建议，还提出可以一起合作，帮助王先生打通销售渠道。两人达成了一个共同目标：帮助王先生的公司打入市场并实现销量突破。

在接下来的几个月里，王先生与张先生一起筹划市场策略，制订销售计划并执行细节操作。合作过程中，两人逐渐发现彼此在工作态度和价值观上高度契合，不仅在工作上配合默契，私下里也常常会一起讨论行业趋势，分享个人生活的趣事。通过一系列成功的合作，他们之间的信任和友谊迅速升温，最终成为彼此在事业和生活中的深度联系。

这一案例充分体现了设定共同目标对人际关系发展的影响力。原本普通的行业关系，因为双方共同追求的目标，从而深化为密切的个人联系。合作过程中的共同努力、面对挑战时的协同作战，增强了彼此间的理解与依赖，最终实现了从普通朋友到深度联系的转变。

在这个案例中，王先生和张先生之间的合作不仅限于任务执行层面，更带来了长期的信任和依赖关系。这种信任关系并非一蹴而就，而是通过设定共同目标、共同面对挑战、解决问题而逐步建立的。

研究表明，当人们共同努力追求同一个目标时，彼此的依赖感会增强，这种依赖感通常来源于以下三个方面。

互补的技能：在共同目标中，双方能够发挥各自的优势，互相依赖对方的专长，形成有效的合作伙伴关系。

共同的责任感：有了共同目标，双方会对成功与失败感同身受，共同承担责任，激发团队合作精神。

情感上的共鸣：当双方在合作中面对共同的挑战与困难时，情感上的共鸣会进一步加深人际关系。

设定共同目标并不是一个随意的过程，它需要有计划、有沟通地设计，以下是几个关键步骤。

明确目标：目标需要清晰、可实现。双方必须对目标有共同的理解，并认同这个目标是值得努力的。

分工合作：双方需要明确各自的角色和责任。有效的分工合作不仅可以提升工作效率，还能让双方在合作过程中看到彼此的贡献和价值。

通过设定共同目标并开展合作，不仅可以完成某项任务，还能让人际关系从普通朋友发展为深度联系。在社交中，这种合作往往会带来更多的商业机会和个人成长。无论是在职场中还是在生活中，利用共同目标的力量，都能为友谊和人际关系的深化提供强大助力。

三、参加彼此的重要时刻

参加彼此的重要时刻不仅是一种礼节，更是加深情感纽带的关键手段。无论是婚礼、生日、升职庆祝，还是家族活动，这些特殊的重要时刻不仅代表着个人或集体的重大节点，也为社交关系提供了绝佳的契机。

参加对方的重要时刻，你不仅是在分享他们的喜悦和成就，也是在展示自己对这段关系的重视。例如，在一位朋友的婚礼上，你的出席不仅表达了祝福，还可能帮助你在他们的朋友圈中建立更深的信任。这种参与可以被视为一种情感投资，它的回报是双方情感的进一步加深。

具体来说，参与这些时刻表现出了一种支持的态度，这是增强社交联系的重要方式。

以北京的一位媒体人李先生为例，他在同事小王的婚礼上不仅准时到场，还为新人准备了精心挑选的礼物。婚礼后，李先生与小王的关系迅速升温，两人在工作中的合作也变得更加默契。小王后来在一个关键项目上主动邀请李先生参与，最终两人共同完成了这一项目，并赢得了团队的高度评价。

在这个案例中，李先生通过在小王婚礼中的积极参与，展示了对这段关系的重视，并通过这个重要时刻进一步加深了彼此的信任感。这种情感的加深，最终转化为工作中的合作与成就。

如何通过参加重要时刻来深化社交关系？

首先，准时到场是最基本的尊重，展现你对这段关系的重视。同时，礼物或祝福也应当体现出你的诚意，而不仅仅是形式上的应付。礼物可以根据对方的兴趣爱好或当前的需求进行挑选，让对方感受到你在用心思考他们的生活。

其次，积极融入场合的气氛也非常重要。很多人在参加社交活动时，往往只做一个安静的旁观者，这样不仅错失了与更多人建立联系的机会，还可能被认为是对活动的轻视。相反，如果你能够主动与对方的朋友、家人进行交流，展现出对这段关系的真诚兴趣，就会为未来的深入交往奠定基础。

在上海的一场创业公司创始人聚会上，陈女士通过积极参与一位朋友的创业庆功宴，不仅赢得了主人的认可，还在活动中结识了几位潜在的合作伙伴。这是因为在活动过程中，她主动帮助主人组织部分流程，甚至在朋友发言时站出来作了情感丰富的回顾。这种真诚的参与让她在这场活动中大放异彩，之后她与其中几位新认识的朋友达成了项目合作，社交关系也进一步深化。

从社会心理学角度来看，共同经历重要时刻往往会加深彼此的情感连接。根据某著名心理学家提出的"情感记忆曲线"显示，重大事件或有强烈情感色彩的记忆，会在人的脑海中留下深刻的印象。因此，当你参与到他人重要时刻时，这种情感上的记忆能够更牢固地建立关系基础。

在社交中，深度的情感连接往往是通过这些看似简单的时刻慢慢积累的，而这种积累，正是长期维持和深化社交关系的基础。通过主动参与他人的重要时刻，你也为自己的人际网络打下了更加坚实的基础。

第二节　延续友谊：保持长期联系的秘诀

在快速变化的社交环境中，建立深厚的友谊固然重要，但保持长期联系才是友谊的核心。在数字化的今天，虽然有更多的平台和方式来维系关系，但如何让这些联系真正持久却并不简单。

一、定期沟通：不让时间拉开距离

在当今社会中，人与人之间的联系因繁忙的生活和快速的信息流动，常常变得短暂而疏远。然而，真正长久的友谊和深厚的人际关系，往往需要定期的沟通来维系。定期沟通不仅能缩短地理和时间的距离，还能增进彼此之间的信任和理解，使友谊得以持续并深化。

心理学家指出，亲密关系中的情感连接，往往依赖于频繁地互动。人际交往中的"亲密效应"表明，距离不仅仅是物理上的，更是心理上的。如果人们长时间没有联系，他们的感情会逐渐淡化，甚至彼此间的兴趣点和生活轨迹也会出现分歧。而通过定期沟通，可以及时更新彼此的近况，分享生活中的喜悦与困惑，从而增强情感连接。

此外，定期沟通还能体现出对友谊的重视。通过主动联系，能够传达出一种"我在乎你"的信息，表明对方在自己生活中的重要性。这种重视感会让双方更加珍惜这段关系，并为其投入更多的情感和精力。

很多人的友谊都是从学生时代或工作环境中开始的，然而，随着时间的推移，尤其是工作、家庭等事务的繁忙，许多人的朋友关系会逐渐淡化，尤其是异地的朋友。这时候，定期沟通的作用就显得尤为重要。

以刘华为例，他和大学同学张强毕业后选择了不同的城市发展。起初，他们还会每个月通电话或发微信联系，但随着工作压力增加，沟通的频率逐渐减少。几年后，当刘华再次联系张强时，发现他们之间已经有了明显的隔阂——他们不再熟悉彼此的生活，甚至找不到共同的话题。

这种情况在很多朋友关系中都会发生。然而，刘华在意识到问题后，主动采取了措施。他决定每个月固定一次和张强通话，无论多忙，都会抽出半小时的时间。几个月后，刘华惊喜地发现，他们的友谊不仅重新焕发了活力，甚至比过去更为亲密。通过定期沟通，刘华和张强不仅能及时了解对方的生活动态，还能在生活和工作中互相支持和鼓励。

这个案例说明了定期沟通的重要性。很多时候，友谊的维持并不在于每天都联系，而在于保持一定的频率，让彼此感受到这段关系的持续存在。

人与人之间的关系是一种互惠的过程，双方在互动中交换资源，这些资源可以是物质的，也可以是情感上的。定期的沟通在这个交换过程中扮演着重要的角色，因为它使得彼此之间的情感、信息和支持得以不断地流动，从而维持关系的稳定性。

此外，定期沟通还能减少"社交债务"的累积。当人们长时间不联系时，再次沟通往往会面临一种心理上的障碍，感觉彼此之间有了"欠缺"。通过定期联系，能够减少这种心理负担，使沟通变得更加轻松自然。

虽然定期沟通很重要，但如何在繁忙的生活中做到这一点呢？以下是几个实用的建议。

设定固定时间：可以为自己设定每月一次的"朋友时间"，这个时间可以是发一条简单的问候短信，也可以是安排一次电话或视频聊天。

利用社交媒体：微信、QQ 等社交媒体平台为定期沟通提供了便利。即使是简单的一句"最近怎么样？"也能拉近彼此的距离，让对方感受到你的关心。

分享生活中的小事：很多人认为沟通必须要有大事发生才联系，但事实上，分享生活中的小事反而更能增进亲密感。例如，告诉对方你今天看了一本有趣的书，或你刚刚学会了一道新菜，这些小细节能让彼此的生活更加融入对方的世界。

定期聚会：如果条件允许，定期线下见面是非常有效的方式。即使无法频繁见面，也可以计划一年或半年一次的朋友聚会，给友谊注入新鲜的活力。

定期沟通是保持长期友谊的关键策略。它不仅能够消除时间和距离带来的疏离感，还能增强情感的联结，让友谊变得更加牢固。在快速变化的社会中，定期沟通能让人际关系得以持续，带来更为深厚的连接。无论生活多么繁忙，都应该为自己最重要的朋友们留出一些时间，因为友谊是一生的财富，值得我们用心经营。

二、共同的经历：创造共同的回忆

在现代社会中，人与人之间的联系变得越来越复杂，如何在短暂的相遇后保持长久的友谊成为了许多人面临的挑战。要维系一段深厚的友谊，仅仅依靠偶尔的问候或闲聊是远远不够的。共同的经历和回忆在这其中扮演了至关重要的角色，成为了情感连接的纽带。当我们与朋友一起经历了某种特别的事情，这种共同的回忆会成为未来联系的重要基础。

心理学研究表明，共同经历不仅可以加强人与人之间的联系，还能加深彼此之间的信任和理解。通过共同面对挑战或共同庆祝成功，人们会在情感上更紧密地联系在一起。无论是旅行、合作项目，还是日常生活中的小插曲，都有助于创造深刻的回忆。这些回忆不仅能在未来成为谈资，也能在困难时期成为坚实的支持力量。

小陈和小张是大学同学，虽然在学校里交情不错，但毕业后因为各自忙于工作，联系逐渐减少。一次偶然的机会，两人得知彼此都对登山感兴趣，于是相约一起参加了长白山的登山活动。

这次登山经历对他们的友谊产生了深远的影响。在登山过程中，他们一起面对了突如其来的天气变化，合作搭建帐篷，共同应对高原反应的挑战。这些特殊的经历不仅让他们之间的默契大大增强，还在他们的友谊中增添了许多独特的回忆。正是这些回忆，让他们在未来的日子里即使忙碌依旧可以通过一起谈论那次登山经历，重温当时的情感和氛围。此后，每年他们都会组织类似的活动，甚至还发展成了一个小型的登山俱乐部，吸引了更多的朋友加入。

通过这个案例可以看到，共同经历是友谊的催化剂。它不仅能增强现有的关系，还能为未来的互动提供更多的话题和共鸣点。这种共同的回忆，成为了他们友谊的支柱，使他们即使相隔千里，依旧能够保持深厚的联系。

从社会交换理论的角度来看，人与人之间的关系就像一场"交易"，每个人都在寻求一种平衡，即从关系中获得的收益与投入的成本大致相等。共同经历则是增加关系"收益"的重要方式。通过共同参与活动和分享时刻，双方都能从中获得积极的情感体验。这种情感体验不仅是短期的满足，还能为未来的关系发展奠定基础。长期来看，这种共同回忆的累积，能够有效提升友谊的质量，使得双方愿意继续投入更多的时间和精力来维系关系。

研究显示，人们更容易记住那些与他们产生过深刻共鸣或带来强烈情感体验的事件。而这些事件一旦成为双方共同的回忆，就会为友谊提供一个坚实的"锚点"。无论时间如何流逝，这些经历和回忆都能像一根无形的线，将彼此连接在一起。

既然共同经历在友谊中如此重要，那么我们该如何有意识地去创造这些回忆呢？

（一）主动参与朋友的生活，尤其是在重要的时刻

例如，陪伴朋友度过一个难忘的生日，或者在他们需要帮助时伸出援手。

（二）可以组织一些集体活动或共同项目

比如，一起去旅行、参加培训课程、组织志愿者活动，或者共同完成一个有趣的挑战。

（三）保持定期的沟通和互动

即便无法频繁见面，也可以通过电话、视频聊天、社交媒体等方式保持联系，分享生活中的点滴。

共同的经历和回忆是维持长久友谊的关键。它们不仅是过去美好时光的象征，更是未来友谊的桥梁。通过共同面对挑战和分享快乐，人们能够建立起深厚的情感连接，创造出经得起时间考验的友谊。

三、诚实的反馈：建立健康的沟通

在现代社交环境中，诚实的反馈在友谊和社交关系中扮演着至关重要的角色。它不仅帮助双方更加了解彼此，还能够有效避免误解和潜在的冲突。

诚实的反馈需要建立在信任与尊重的基础上。如果双方缺乏基本的信任，反馈往往会被视为批评甚至攻击，而不是出于关心和帮助的意图。因此，信任是诚实反馈的前提条件。而尊重则是反馈过程中不可或缺的要素，只有在尊重彼此的基础上，才能更好地理解对方的观点。

小张在一家互联网公司工作，她与同事小李的关系一直很好，两人常常一起吃饭、聊天，关系看似融洽。但一次项目合作中，小张发现小李的工作有一些瑕疵，影响了整个项目的进度。小张犹豫是否要指出这些问题，担心直接的批评会破坏两人之间的关系。

经过一番考虑，小张决定以诚实且建设性的方式与小李沟通。她约了小李吃午饭，在轻松的氛围中先肯定了小李之前在项目中的付出和努力，随后温和地提到了她发现的问题，并提出了一些改进的建议。小李在听完之后，起初有些尴尬，但很快理解了小张的出发点，感激她的坦诚与帮助。通过这次诚实的反馈，两人的关系反而更加紧密，合作也变得更加顺畅。

这个案例显示了诚实的反馈在社交中的重要性。如果小张选择了沉默，虽然避免了短期的尴尬，但长期来看，问题会持续存在，甚至可能在之后的项目中造成更大的矛盾。而通过坦诚地交流，双方不仅解决了问题，还加深了彼此的信任。

心理学家提出，人与人之间的沟通和冲突，往往是因为我们没有学会如何表达自己的需求和感受，而诚实的反馈正是非暴力沟通中的关键一环。

非暴力沟通是一种强调在表达反馈时保持客观、尊重与关怀的沟通方式，主张在给出反馈时，应该先描述事实，再表达自己的感受和需求，最后提出具体的请求。例如，在上述案例中，小张并没有直接批评小李的工作失误，而是通过描述问题并提出建设性的建议，避免了情感上的伤害。这种反馈方式不仅让对方更容易接受，还能够帮助解决问题。

第三节　社交后的跟进技巧

在成功的社交互动之后，进行有效地跟进，不仅可以巩固已有的联系，还能为进一步的合作奠定基础。以下是一些实用的跟进技巧和礼仪，帮助你在社交后保持积极的联系。

一、适当的沟通方式

在社交后，选择合适的沟通方式可以为未来关系的深化奠定良好的基础。适当的沟通方式包括频率的把握、沟通渠道的选择以及情感的传达等多个方面。

（一）频率与节奏

保持适度联系

在社交后保持适度的联系频率，既能展现你对这段关系的重视，又不会给对方带来压力。频繁的联系容易让人产生厌倦感，而长时间不联系则可能导致关系冷淡。

（二）沟通渠道与信息传递效率

沟通心理学研究表明，不同的沟通渠道适合不同类型的信息传递。例如，邮件适合正式、结构化的信息；电话或语音沟通则适合紧急事务或需要情感交流的场合；而微信等社交软件则适用于日常的简短互动。在选择沟通方式时，应根据对方的沟通习惯和事件的性质作出判断。

张女士是一名在北京工作的市场策划经理，平日工作繁忙，习惯通过微信进行工作之外的社交联系。在一次公司活动中，她认识了一位来自同行业的朋友刘先生。活动后，刘先生频繁通过电话与她联系，每次电话的时间较长，甚至有时在她下班后的休息时间打来。这让张女士感到有些不便，无法及时应对这些电话。

后来，张女士委婉地表示她更倾向于通过微信沟通。刘先生很快调整了他的沟通方式，改为通过微信发送简短的消息或语音。这种方式既尊重了张女士的时间安排，也提高了双方的沟通效率。最终，两人逐渐建立了深厚的友谊。

刘先生最初选择了不适合张女士生活节奏的沟通渠道，导致张女士产生了一定的压力感。但他及时根据张女士的反馈作出了调整，选择了微信这一更适合的沟通方式，避免了因沟通不畅导致关系破裂的风险。

这一案例说明，尊重和顺应对方的沟通习惯，是有效保持社交联系的必要条件。因此情感的传递，适度表达关心至关重要。

适当的沟通不仅在于信息的交换，更在于情感的传递。尤其是在建立长久的社交关系时，适度表达关心可以拉近彼此的距离，但过度或刻意的关心则容易让对方感到不适。

社交后的跟进在关系维护中至关重要，适当的沟通方式能够为双方关系的深入发展创造良好的环境。通过把握沟通频率、选择合适的沟通渠道，以及适度表达关心，我们可以在社交中展现自己的真诚与智慧，促进更深层次的情感连接。

二、在社交媒体上互动

在面对面交流结束后，我们还可以通过社交媒体延续互动。现在许多人都会在社交媒体上展示个人生活、观点和兴趣，所以线上互动反而可以更加及时地和对方进行沟通。社交媒体的互动方式多样，如点赞、评论、转发、私信等都能有效地表达关心和维持互动。

王先生是一名企业的负责人，他在一次创业论坛中认识了一位投资人张总。两人当时交流甚欢，彼此交换了微信，但仅仅交换联系方式并不意味着后续就能顺利发展。王先生在会后立即通过微信添加了张总，并感谢对方在活动中的建议，接着他通过张总的朋友圈了解到对方近期在关注的行业动态和兴趣爱好。

在之后的互动中，王先生不仅时常点赞张总的朋友圈动态，还会在对方发布相关行业话题时提出见解，并分享自己公司的最新进展。这种有策略地在社交媒体上展示自己的专业能力和公司发展情况，不仅让张总对王先生印象深刻，还促成了他们进一步的合作机会。

在这个案例中，王先生成功利用了社交媒体的互动，将线下的初次接触转化为线上持续沟通，最终建立了更加深度的合作关系。这一案例说明，社交媒体不仅仅是维持联系的工具，更是展示个人能力、增加信任的场所。

从心理学的角度来看，社交媒体上的互动还会促进"曝光效应"（Mere Exposure Effect），即人们会对频繁接触的事物产生好感。通过在社交媒体上经常出现在对方的视野中，逐渐建立起熟悉感和信任感，这对深化社交关系至关重要。

有效的互动并非频繁刷屏或无目的地点赞评论，而是要有策略、有选择地进行。以下几点建议可以帮助你在社交媒体上更好地维系和深化社交关系。

（一）精准互动

在社交媒体上，找到与你目标一致的内容进行互动。例如，如果对方是一名投资人，互动的内容应更多聚焦在商业、投资趋势或行业动态上，而不是日常生活琐事。

（二）保持频率但不频繁

适度的互动可以保持存在感，但过于频繁的互动可能会给人带来压力或不适感。找到一个合理的频率，既让对方感受到你的关注，又不会让人觉得被打扰。

（三）内容优先

社交媒体互动不仅仅是单向的点赞或评论，更重要的是分享有价值的内容。比如，在朋友圈或微博上发布与对方相关的行业文章、个人见解等，这种分享能够进一步展示你的专业性和独特观点。

（四）个性化互动

避免一成不变地点赞或表情包评论。针对对方的动态发表一些个性化的、有深度的评论，可以让互动更具人情味。比如，如果对方分享了一篇行业文章，你可以提出你的见解，甚至引发一场小讨论。

在社交媒体上互动时，也要注意一些常见误区。首先，过度热情或频繁的私信可能会给对方带来不适感。社交媒体是维系联系的工具，但并不意味着要时刻在线或频繁打扰。其次，避免在互动时表现出过于功利的目的性。过于明显的商业推销或频繁提及个人需求，可能会让对方产生抵触情绪。

小李是一名新入职场的销售人员，曾通过一场行业会议结识了一位客户王总。会后，小李通过微信加了王总，但由于过于急切地想促成业务合作，他每天都通过微信向王总推销产品，结果王总不仅不再回复他的消息，甚至屏蔽了他。这一案例提醒我们，在社交媒体上的互动需要有策略，过度的推销或急功近利的行为可能会适得其反。

在社交媒体上互动是一门艺术，通过精准、适度的互动，可以将初次接触转化为长期的深度连接。无论是商务场合还是日常生活，社交媒体为我们提供了一个延续关系、展示自我的平台。有效利用这一平台，你不仅可以维系现有的人脉，还能通过深度互动拓展更广阔的社交圈，最终为自己的事业和生活带来更多机会。

三、邀请参加未来活动

一次社交仅仅是搭建关系的起点，真正能够将关系从表面延伸到深层的关键在于社交后的跟进技巧。"邀请参加未来活动"便是这种跟进中最为有效且自然的方式之一。通过合理的活动邀约，能够在轻松的氛围中进一步巩固关系，并为未来的深入合作奠定基础。

聚会、宴请、活动等是人们加深联系的重要方式。在商务和人际交往中，适时的活动邀约不仅能增强双方的互动频率，还能在无压力的环境下，让彼此更加了解。因此，正确的活动邀约往往能让人际关系快速升温，并且给对方留下"你是值得继续交往的人"的深刻印象。

活动邀请的成功关键在于两点：一是活动本身的吸引力，二是邀请的时机和方式。有趣的活动和适当的时机能够让对方更容易接受邀约，并愿意参与。

我们以李先生为例，他是一名在上海工作的销售经理。一次行业展会上，李先生认识了另一家公司的一名采购主管张先生。两人在展会上交换了名片，并进行了简短的交谈。虽然初次见面时双方都感觉良好，但彼此对对方的了解有限，关系也仅限于名片交换的程度。

李先生意识到，如果想进一步推进与张先生所在公司的合作，光靠一张名片和一次简短的交谈是远远不够的。因此，在展会结束后，他首先通过微信表达了对张先生的感谢，接着提到自己公司即将举办一个产品发布会，并诚邀张先生参加这个活动。

这次活动的邀请不仅让李先生有了再次与张先生面对面交流的机会，还展示了他所在公司的最新产品和发展方向。活动当天，张先生参与其中，不仅了解了更多的产品信息，还在活动后的社交环节中，与李先生及其团队进行了更加深入的讨论，初步探讨了未来的合作可能。

李先生的邀约能够成功，背后涉及了心理学中和关系建立相关的"梯度效应"理论。心理学研究表明，人际关系的建立和发展通常是循序渐进的，随着双方互动次数的增加，彼此的信任感也会逐渐增强。因此，初次见面后迅速发出第二次接触的邀约，能够帮助双方在短时间内加深彼此的印象。

正如李先生的案例所展示的，适时发出的邀请能够有效推进关系的发展。通常，邀请的时机有几个要素需要考虑。

首先，适度跟进，不要太急切。如果初次见面后立刻发出邀请，可能会让对方感到压力或不适。因此，李先生在展会结束后，先通过微信进行了简单的感谢，随后才顺其自然地提出邀请。

其次，选择对方感兴趣的活动。邀约的活动内容要符合对方的兴趣或需求，这样才能提高对方参与的意愿。李先生的产品发布会不仅展示了他的公司实力，也正好契合了张先生的职业兴趣，因此这种邀请显得更具吸引力。

最后，语言要得体且礼貌。在发出邀请时，语言的表达至关重要。李先生的微信措辞简洁明了，既表达了对张先生的尊重，也清晰传达了活动的内容和价值。避免冗长或过于正式的表达方式能够让对方更加放松，增加接受邀约的可能性。

在社交关系的发展中，主动邀请对方参加未来活动是从表面社交迈向深度联系的有效途径之一。它不仅为双方创造了再次接触的机会，还能通过轻松的活动氛围进一步加深彼此的了解。通过合理选择活动内容、适时发出邀请，并在活动后持续跟进，社交关系能够逐步从初次见面发展为深度连接。